Culinária de Todas as Cores

200 Receitas
de Quitutes Assados

Culinária de Todas as Cores

200 Receitas de Quitutes Assados

Joanna Farrow

PUBLIFOLHA

Publicado originalmente na Grã-Bretanha em 2013,
sob o título *Hamlyn All Colour 200 Easy cakes and bakes*,
pela Hamlyn, uma divisão da Octopus Publishing Group Ltd
Endeavour House, 189 Shaftesbury Avenue, Londres, WC2H 8JY

Coordenação do Projeto: Publifolha
Editora assistente: Fabiana Medina
Produtora gráfica: Samantha R. Monteiro

Produção Editorial: AA Studio
Coordenação e tradução: Ana Luisa Astiz
Preparação: Katia Shimabukuro
Revisão: Juliana Caldas
Editoração eletrônica: mos editorial
Consultoria: Tarcila Campos

Dados Internacionais de Catalogação na Publicação (CIP)
(Câmara Brasileira do Livro, SP, Brasil)

Farrow, Joanna
200 receitas de quitutes assados / Joanna Farrow ; [tradução Ana Luisa Astiz]. – São Paulo : Publifolha, 2014. – (Coleção culinária de todas as cores)

Título original: Hamlyn all colour 200 easy cakes and bakes.
ISBN 978-85-7914-513-1

1. Assados (Culinária) 2. Culinária (Receitas) I. Título. II. Série.

14-00026 CDD-641.76

Índices para catálogo sistemático:
1. Quitutes assados : Receitas : Culinária 641.76

Este livro segue as regras do Acordo Ortográfico da Língua Portuguesa (1990), em vigor desde 1º de janeiro de 2009.

Impresso na China.

PUBLIFOLHA
Divisão de Publicações do Grupo Folha
Al. Barão de Limeira, 401, 6º andar
CEP 01202-900, São Paulo, SP
Tels.: (11) 3224-2186/2187/2197
www.publifolha.com.br

NOTA DO EDITOR
Apesar de todos os cuidados tomados na elaboração das receitas deste livro, a editora original não se responsabiliza por erros ou omissões decorrentes da preparação dos pratos.

Pessoas com restrições alimentares, grávidas e lactantes devem consultar um médico especialista sobre os ingredientes de cada receita antes de prepará-la.

As fotos deste livro podem conter acompanhamentos ou ingredientes meramente ilustrativos.

Observações, exceto se orientado de outra forma:
• Use sempre ingredientes frescos
• O forno deve ser preaquecido na temperatura indicada na receita

Equivalência de medidas:
• 1 colher (chá) = 5 ml
• 1 colher (sopa) = 15 ml
• 1 xícara (chá) = 250 ml

sumário

introdução

introdução

As receitas que vão ao forno são sem dúvida as mais apreciadas. Diversão certa na cozinha, agradam a pessoas de todas as idades – é só reparar como as crianças adoram fazer biscoitos, por exemplo. Não é para menos: além de produzir delícias reconfortantes (quem é que não ama uma fatia de bolo de chocolate?), assar bolos, tortas, biscoitos e pães não requer ingredientes caros, muita experiência culinária ou equipamentos especiais. Basta bater alguns ingredientes básicos como manteiga, açúcar, ovos e farinha de trigo para criar um quitute saboroso. Acrescente algum item extra como baunilha, chocolate, especiarias ou frutas, para citar apenas algumas das possibilidades, e o resultado será ainda melhor. Prepare um chá, explore a variedade de receitas deste livro e vá para a cozinha se divertir!

equipamento

Você provavelmente já possui a maior parte dos utensílios necessários para assar um bolo. Algumas fôrmas, tigelas e um batedor são, na verdade, tudo de que você precisa para começar.

fôrmas

As fundas são úteis para assar bolos simples com frutas e pão de ló. Para fazer as receitas deste livro, você pode usar tanto as de fundo fixo quanto as de fundo removível. A principal vantagem do segundo tipo é que ele facilita o desenformar de massas delicadas, pois a base desliza, evitando o risco de danificar o bolo ao virá-lo para retirar da fôrma. As tradicionais são boas para massas mais firmes e receitas mais elaboradas que também levam frutas. As de aro ou lateral removível podem ser usadas desde que o bolo não seja muito alto. Se você preferir o formato quadrado, ela deve ter 2,5 cm menos que a redonda. Por exemplo: uma fôrma quadrada de 18 cm equivale a uma redonda de 20 cm. Para aprender a forrar as fôrmas, veja as pp. 12-5.

fôrmas iguais para bolos recheados
Podem ter fundo fixo ou removível. Quando comprar, certifique-se de que tenham pelo menos 3,5 cm de profundidade, para que o bolo não cresça além da borda.

fôrmas para bolo inglês ou para pão
São fabricadas em diversos tamanhos. Você vai utilizar esse tipo para fazer as receitas do capítulo "Bolos para o lanche", no qual se indica a capacidade tanto em volume quanto em peso, para o caso de você não saber exatamente as dimensões da que tem em casa.

fôrmas para cupcake e muffin
Essas têm vários tamanhos e, em geral, doze cavidades. Também podem ser usadas para assar tortinhas de frutas e bolinhos. As receitas deste livro empregam as que têm cavidades um pouco maiores.

forminhas de papel
Disponíveis em lojas especializadas em produtos para confeitaria e em alguns supermercados de grande porte, também variam em tamanho. Para assar os muffins e cupcakes deste livro, compre as que medem, abertas, 12 cm de diâmetro. Há modelos lisos e decorados.

assadeiras
É conveniente ter na cozinha um par de assadeiras rasas para levar ao forno biscoitos doces e salgados, scones e merengues. Alguns modelos têm uma borda virada, recurso que facilita o manuseio. Outras, com acabamento reto, são úteis para itens que você precise deslizar para fora da fôrma depois de assados. As receitas deste livro podem ser preparadas com qualquer um dos dois tipos.

vasilhas
É bom ter na cozinha tigelas de tamanhos variados, para misturar diferentes quantidades de ingredientes. Uma grande é ideal para bater vigorosamente muitos ingredientes ou claras em neve. As menores servem para misturar cremes, recheios ou coberturas. Tigelas de metal são mais

duráveis e fáceis de manusear. Para amolecer manteiga no micro-ondas, é preciso usar as de vidro ou plástico. Para economizar espaço, guarde umas dentro das outras.

batedor ou mixer elétrico
Esse eletrodoméstico serve para misturar ou bater. Não é caro e facilita muito o trabalho. Você pode recorrer a uma colher de pau comum, mas terá de fazer mais esforço, especialmente no caso das massas de bolos.

balança
É essencial ter uma, seja tradicional, seja digital, pois pesar corretamente os ingredientes é a única maneira de assegurar bons resultados. A vantagem do segundo modelo é que você pode colocar a vasilha ou panela diretamente na bandeja e acrescentar os ingredientes.

espátulas de silicone
Flexíveis e resistentes, são ótimas para raspar a massa que gruda na vasilha ou no copo do processador. Também podem ser usadas no lugar da colher de pau para bater ingredientes.

espátula de metal
Não é um item indispensável, mas facilita a tarefa de espalhar a cobertura sobre um bolo.

como forrar fôrmas

A receita informa se é necessário ou não forrar a fôrma. Em alguns casos, basta revestir o fundo; em outros, é preciso cobrir as laterais também. Lembre-se de untar o papel depois de acomodá-lo na assadeira – caso contrário a massa grudará nele, e o bolo não crescerá.

papel-manteiga x papel pardo
Geralmente se usa papel-manteiga para forrar fôrmas. Você também pode experimentar o papel antiaderente para cozinhar, que é um pouco mais grosso, para assar merengues.

fôrma de papel para bolo
Lembra uma fôrma gigante para muffin e pode ser encontrada em lojas

especializadas em artigos para confeitaria. Há modelos próprios para fôrmas redondas e fôrmas para bolo inglês. Se utilizar, não será necessário untar a fôrma de metal nem a de papel.

base ou tapete de silicone
É um material antiaderente resistente e reutilizável, mais caro que os revestimentos descartáveis (papel-manteiga e papel-alumínio, por exemplo). É vendido em lojas especializadas em confeitaria (o nome comercial mais comum é Silpat®).

como forrar...

fôrmas redondas iguais para bolos recheados
Usando uma delas como molde, risque e corte dois discos no papel-manteiga. Unte a área interna de cada fôrma, acomode o papel na base e unte-o também. Polvilhe com um pouco de farinha de trigo e incline as fôrmas para recobrir a lateral. Descarte o excesso.

fôrma redonda
Corte um disco de papel-manteiga usando a fôrma como molde. Em seguida, corte tiras de papel 2 cm mais largas que a lateral do utensílio. Faça uma dobra de 1,5 cm e corte em intervalos regulares para conseguir fixar a tira na parte interna da lateral da fôrma. Pincele-a com manteiga derretida. Acomode as tiras de papel com a picotada apoiada na base e

acomode o disco de papel. Lembre-se de untá-lo em seguida.

fôrma quadrada
Empregue a mesma técnica aplicada à fôrma redonda, mas, para fixar as tiras na lateral, corte apenas nos cantos.

fôrma para bolo inglês
Corte uma tira de papel-manteiga larga o suficiente para cobrir a base do utensílio e as laterais maiores, deixando sobrar um pouco além das bordas. Unte a fôrma, acomode o papel e unte-o também. Depois de retirar o bolo do forno, passe uma faca entre a massa e os lados menores, para soltá-lo. Erga as laterais do papel e desenforme.

assadeira rasa
Unte a base e as laterais do utensílio. Corte um retângulo de papel-manteiga pelo menos 10 cm mais comprido e mais largo que a assadeira. Acomode o papel dentro dela e corte apenas os cantos, para ajustá-lo perfeitamente às laterais. Unte o papel.

técnicas de preparo

Leia com atenção as técnicas a seguir, especialmente se você nunca preparou um bolo. As dicas vão ajudá-lo a obter bons resultados, seja qual for a receita.

como amolecer e derreter manteiga
A maior parte das receitas de bolo requer manteiga amolecida, que se combinará com os demais ingredientes formando um creme homogêneo. A maneira mais rápida de amolecê-la é no forno de micro-ondas. Corte a quantidade solicitada em cubos pequenos e coloque em uma vasilha. Ligue o aparelho em potência média por intervalos curtos, até observar que seu dedo deixa uma marca na superfície. Cuidado para a manteiga não derreter completamente. Se a receita solicitar manteiga derretida ou se você precisar de apenas um pouco para untar a fôrma, proceda da mesma maneira, mas cuide para que não ferva, ou espirrará e sujará o interior do micro-ondas.

como fazer massa de pão de ló básica

A maioria dos bolos com massa tipo pão de ló reunida neste livro é preparada com o método "tudo junto", no qual os ingredientes principais são batidos ao mesmo tempo, até formarem um creme. Amoleça a manteiga previamente, se possível com um mixer elétrico. A mistura estará pronta quando ficar homogênea e clara – leva 1-2 minutos se você usar o aparelho, e cerca de 5 minutos se empregar uma colher de pau. Raspe a mistura que grudar na lateral da vasilha com uma espátula.

como encher fôrmas de papel para cupcake e muffin

Evite colocar massa demais ou ela transbordará ao assar, estragando o bolinho. Utilize uma colher de sopa e encha dois terços da cavidade da fôrma (talvez você precise fazer a receita duas vezes para acertar a quantidade). Os muffins são um pouco mais firmes e crescem mais verticalmente, por isso você pode colocar uma quantidade um pouco maior.

como saber se um bolo está pronto

Quando estiver quase chegando ao final do tempo de cozimento indicado na receita, abra o forno com cuidado para verificar se o bolo assou (5 minutos antes para um bolo grande, 2 minutos antes para um pequeno). A superfície deve apresentar uma aparência firme

e estar macia ao toque. Se a instrução solicitar o teste do palito, insira-o no centro da massa e retire-o devagar – pode ser um espeto de metal, próprio para a função, ou um palito comum, de coquetel. Deve sair limpo, sem resíduo de massa crua – se houver, asse por mais alguns minutos. Evite abrir o forno completamente, pois a entrada de ar frio pode murchar o bolo.

como esfriar um bolo

Alguns bolos, como o brownie de chocolate, o delicado pão de ló e as receitas com frutas, precisam esfriar nas fôrmas, pois podem quebrar se desenformados ainda quentes. Os demais devem ser retirados da assadeira e acomodados sobre uma grade de metal. Se não forrou a fôrma com papel-manteiga, passe uma faca entre a lateral do utensílio e a massa assada antes de desenformar. Decore somente após o bolo esfriar completamente.

como derreter chocolate

Pique o chocolate em pedacinhos e coloque-o em uma tigela refratária em banho-maria sobre fogo brando. Quando começar a amolecer, desligue o fogo e espere derreter completamente, mexendo uma ou duas vezes para verificar se não sobrou nenhum fragmento inteiro. Não deixe entrar água ou vapor na vasilha, pois isso endurecerá o chocolate, e ele não poderá mais ser derretido. Para derreter no micro-ondas, pique o chocolate e

coloque-o em uma tigela refratária. Ligue em intervalos de um minuto, verificando se atingiu a consistência desejada. Cuidado ao derreter chocolate branco ou chocolate ao leite, pois esses tipos têm mais gordura e açúcar e podem queimar facilmente. Em algumas receitas, o chocolate é derretido com outros ingredientes, como manteiga ou leite. Como eles têm maior teor de gordura, o tempo de derretimento será menor.

como armazenar e congelar bolos

A maior parte deve ser consumida logo depois de assar ou em até 24 horas. Sirva muffins e scones no mesmo dia em que são feitos, a menos que você pretenda congelá-los. Descongele em temperatura ambiente e aqueça no forno médio por 5-10 minutos, para que recuperem a textura original.

Bolos de massa aerada, como o pão de ló, os bolos para lanche assados na fôrma para bolo inglês e os cupcakes também são mais saborosos quando recém-saídos do forno, mas você pode armazená-los por 1-2 dias em um recipiente hermético, sob refrigeração ou não. O pão de ló é mais fácil de cortar no dia seguinte, pois sua textura firma um pouco.

Bolos que levam frutas secas conservam-se por vários dias, e, se a quantidade delas na massa for maior, até por várias semanas. Os biscoitos perdem a crocância, mas se "recuperam" se aquecidos em forno moderado por 5 minutos. Já os merengues duram 3-4 dias. Utilize sempre um recipiente hermético para armazenar bolos e outros produtos assados no forno. Não refrigere, pois isso estragará sua textura (porém bolos decorados com cream cheese ou chantili precisam ir à geladeira, especialmente em dias quentes). O congelamento em um recipiente rígido é um bom recurso para conservá-los. Se tiver pouco espaço, leve-os ao freezer sem embalar e depois envolva em filme de PVC ou guarde em um saco plástico grande, próprio para congelamento (dessa maneira, duram vários meses). Retire da embalagem antes de descongelar.

bolos grandes

bolo de laranja e anis

10 fatias
Preparo: **15 minutos**
Cozimento: **50 minutos**

4 **anises-estrelados** quebrados em pedaços
175 g de **açúcar**
175 g de **manteiga sem sal** amolecida, mais um pouco para untar
3 **ovos**
raspas de 1 **laranja**
2 colheres (sopa) de **suco de laranja**
250 g de **farinha de trigo com fermento**
1 colher (chá) de **fermento em pó**
casca de laranja cristalizada cortada em tiras finas

Moa o anis-estrelado com 50 g de açúcar no processador até a especiaria virar um pó fino bem incorpado ao açúcar.

Transfira para uma vasilha e acrescente a manteiga, o restante do açúcar, os ovos, as raspas e o suco de laranja, a farinha e o fermento. Bata até obter um creme claro e homogêneo.

Unte e forre com papel-manteiga uma fôrma redonda de 18 cm (pp. 13-5). Despeje a massa e alise a superfície.

Disponha as tiras de casca de laranja cristalizada no centro da superfície do bolo (veja foto ao lado). Asse em forno preaquecido a 160°C por cerca de 50 minutos, até firmar (ou faça o teste do palito: se sair limpo, está pronto). Passe uma faca entre o bolo e a fôrma e desenforme sobre uma grade. Retire o papel-manteiga e deixe esfriar.

Variação: bolo de laranja e amêndoa. Prepare o bolo como indicado, mas não use o anis-estrelado nem a casca de laranja cristalizada e reduza a quantidade de açúcar para 125 g. Corte 200 g de marzipã em cubos pequenos e reserve a metade. Misture à massa. Despeje na fôrma e distribua por cima o restante do marzipã. Asse como indicado acima.

bolo vitória

8 fatias

Preparo: **15 minutos**

Cozimento: **25 minutos**

175 g de **manteiga sem sal** amolecida, mais um pouco para untar
175 g de **açúcar**, mais um pouco para polvilhar
3 **ovos**
175 g de **farinha de trigo com fermento**
1 colher (chá) de **fermento em pó**
1 colher (chá) de **extrato de baunilha**
1-2 colheres (sopa) de **leite**

Para o recheio

150 ml de **creme de leite fresco**
5 colheres (sopa) de **geleia de framboesa** ou **morango**

Bata a manteiga, o açúcar, os ovos, a farinha, o fermento e a baunilha até obter um creme claro e homogêneo. Acrescente leite suficiente para que a mistura pingue de uma colher de pau ao batê-la na borda da vasilha.

Divida a massa entre duas fôrmas redondas de 18 cm untadas e forradas com papel-manteiga (p. 13). Nivele a superfície.

Asse em forno preaquecido a 180°C por cerca de 25 minutos ou até crescer e firmar. Passe uma faca entre o bolo e a fôrma e desenforme sobre uma grade. Retire o papel-manteiga e deixe esfriar.

Prepare o recheio. Bata o creme de leite fresco até obter picos firmes. Espalhe uma camada de geleia e outra de creme sobre um dos bolos e disponha o outro por cima. Sirva polvilhado com açúcar.

Variação: bolo vitória de gengibre com cobertura. Prepare os dois bolos como indicado, mas acrescente à massa dois pedaços de compota de gengibre (p. 68) bem picados. Para o recheio, bata 50 g de manteiga sem sal amolecida e 75 g de açúcar de confeiteiro peneirado até obter um creme claro e homogêneo. Recheie como indicado na receita acima. Para a cobertura, misture 150 g de açúcar de confeiteiro peneirado e 3 colheres (sopa) de calda da compota de gengibre com água suficiente para espalhar facilmente. A cobertura deve escorrer pela lateral do bolo.

bolo chocotoffee

10 fatias
Preparo: **20 minutos**
Cozimento: **45 minutos**

175 g de **farinha de trigo com fermento**
25 g de **cacau em pó**
½ colher (chá) de **bicarbonato de sódio**
½ colher (chá) de **fermento em pó**
200 g de **açúcar demerara**
1 **ovo**
4 colheres (sopa) de **leite**
1 colher (chá) de **extrato de baunilha**
65 g de **manteiga sem sal** cortada em cubos, mais um pouco para untar
100 g de **chocolate meio amargo** picado
125 ml de **água**
raspas de chocolate, para decorar

Para a cobertura
40 g de **manteiga sem sal** amolecida
200 g de **calda de caramelo** (ao lado)

Misture a farinha, o cacau, o bicarbonato, o fermento e o açúcar em uma vasilha. Bata o ovo, o leite e a baunilha em outro recipiente.

Derreta a manteiga e o chocolate com a água em fogo baixo, mexendo sempre, até ficar homogêneo. Acrescente as misturas de ovo e de chocolate aos ingredientes secos e incorpore bem.

Unte e forre com papel-manteiga uma fôrma redonda de 23 cm ou uma quadrada de 20 cm (pp. 13-5). Despeje a massa e nivele a superfície. Asse em forno preaquecido a 180°C por cerca de 30-40 minutos, até firmar (ou faça o teste do palito: se sair limpo, o bolo está pronto). Passe uma faca entre o bolo e a fôrma e desenforme sobre uma grade. Retire o papel-manteiga e deixe esfriar.

Prepare a cobertura. Bata a manteiga e a calda de caramelo (veja receita abaixo). Transfira o bolo para um prato de servir, espalhe a cobertura e decore com as raspas de chocolate.

Para fazer a calda de caramelo. Dissolva 5 colheres (sopa) de água e 200 g de açúcar comum ou cristal em fogo baixo, em uma panela pequena. Deixe ferver sem mexer por cerca de 5 minutos, ou até dourar (cuidado para não queimar). Interrompa o cozimento colocando a base da panela em um recipiente com água fria. Acrescente 50 g de manteiga e 3 colheres (sopa) de creme de leite fresco, aqueça novamente e misture até ficar homogêneo. Deixe esfriar antes de usar.

bolo de Páscoa fácil

16 fatias
Preparo: **25 minutos**, mais o tempo para esfriar
Cozimento: **2-2h30**

175 g de **manteiga sem sal** amolecida, mais um pouco para untar
175 g de **açúcar demerara**
2 colheres (chá) de **gengibre em pó**
2 colheres (chá) de **mix de especiarias em pó***
3 **ovos**
225 g de **farinha de trigo com fermento**
2 colheres (chá) de **extrato de baunilha**
500 g de **frutas secas variadas** (ameixa, damasco, tâmara, uva-passa clara e escura)
500 g de **marzipã**
1 **clara** batida, para pincelar
rosas ou **pétalas de rosa** amarelas, para decorar
açúcar de confeiteiro peneirado, para polvilhar

* Use canela, cravo, gengibre e noz-moscada.

Bata a manteiga, o açúcar demerara, o gengibre, as especiarias, os ovos, a farinha e a baunilha em uma vasilha até obter um creme claro e homogêneo. Incorpore as frutas secas. Unte e forre com papel-manteiga (pp. 13-5) uma fôrma redonda de 18 cm. Despeje metade da massa e nivele a superfície.

Estique metade do marzipã em uma superfície levemente polvilhada com açúcar de confeiteiro peneirado até obter um disco com o mesmo diâmetro da fôrma. Disponha sobre a massa nivelada e despeje a outra metade da mistura. Nivele a superfície. Asse em forno preaquecido a 150°C por cerca de 2-2h30 (ou faça o teste do palito: se sair limpo, está pronto). Deixe esfriar na fôrma.

Transfira o bolo para uma assadeira, retire o papel-manteiga e pincele a superfície com a clara. Estique o marzipã restante até obter um disco um pouco maior que o diâmetro do bolo. Disponha no topo e pressione levemente. Pincele com mais clara e belisque a borda, para decorar. Doure ligeiramente em forno preaquecido (se necessário, gire o bolo para obter um efeito uniforme). Deixe esfriar. Decore com as pétalas e polvilhe com o açúcar de confeiteiro.

Variação: bolo Dundee. Misture 250 g de uva-passa clara, 150 g de uva-passa escura, 50 g casca de laranja cristalizada finamente picada e 50 g de amêndoa moída. Prepare o bolo como indicado acima, mas sem as especiarias e o marzipã e substituindo as frutas secas por uva-passa. Despeje na fôrma e nivele a superfície. Disponha 40 g de amêndoa sem pele em círculos concêntricos e asse da mesma maneira.

bolo de cenoura com recheio e cobertura

12 fatias
Preparo: **25 minutos**
Cozimento: **30 minutos**

175 g de **manteiga sem sal** amolecida, mais um pouco para untar
175 g de **açúcar demerara**
3 **ovos**
225 g de **farinha de trigo com fermento**
2 colheres (chá) de **fermento em pó**
2 colheres (chá) de **mix de especiarias em pó** (p. 28)
75 g de **amêndoa**, **avelã** ou **nozes** moídas
200 g de **cenoura** ralada fino
75 g de **uva-passa clara**

Para o recheio e a cobertura
300 g de **cream cheese**
75 g de **manteiga sem sal** amolecida
100 g de **açúcar de confeiteiro** peneirado, mais um pouco para polvilhar
2 colheres (chá) de **suco de limão-siciliano**

Bata a manteiga, o açúcar, os ovos, a farinha, o fermento, as especiarias e a amêndoa moída em uma vasilha até obter um creme claro e homogêneo. Incorpore a cenoura e a uva-passa.

Unte duas fôrmas redondas de 20 cm. Forre a base com papel-manteiga (p. 13), unte novamente e polvilhe com farinha. Divida a massa igualmente entre as fôrmas e asse em forno preaquecido a 180°C por cerca de 30 minutos, até crescer e firmar. Passe uma faca entre o bolo e a fôrma e desenforme sobre uma grade. Retire o papel-manteiga e deixe esfriar.

Prepare o recheio/cobertura. Bata o cream cheese e a manteiga em uma vasilha até ficar homogêneo. Incorpore o açúcar de confeiteiro e o suco de limão--siciliano. Espalhe metade da mistura sobre a superfície de um dos bolos, cubra com o outro e passe o restante, como cobertura.

Variação: recheio/cobertura de banana. Amasse 2 bananas maduras com 1 colher (chá) de suco de limão-siciliano, até obter um purê. Passe por uma peneira, raspando a mistura que aderir do outro lado. Acrescente 200 ml de creme de leite fresco e 25 g de açúcar de confeiteiro peneirado e bata até obter picos que mantenham a forma.

bolo invertido de abacaxi

8 fatias
Preparo: **30 minutos**
Cozimento: **35 minutos**

1 **abacaxi** pequeno maduro cortado em cubos de 1 cm
3 pedaços de **compota de gengibre** (p. 68) picados
175 g de **manteiga sem sal** amolecida, mais um pouco para untar
125 g de **fubá**
1 colher (chá) de **fermento em pó**
125 g de **amêndoa** moída
175 g de **açúcar**
raspas de 3 **limões-taiti**
2 **ovos** batidos

Para a calda
50 g de **açúcar**
3 colheres (sopa) de **água**
suco de 3 **limões-taiti**
3 colheres (sopa) de **calda de compota de gengibre** (p. 68)

Misture o abacaxi e o gengibre. Unte uma fôrma redonda de 20 cm (pp. 13-5) e pelo menos 4,5 cm de altura. Forre o fundo com papel-manteiga e distribua os pedaços de fruta.

Misture o fubá, o fermento e a amêndoa em uma vasilha e reserve. Bata em outra a manteiga, o açúcar e as raspas de limão até obter um creme claro. Incorpore os ovos aos poucos e, em seguida, os ingredientes secos.

Despeje a massa na fôrma e nivele a superfície. Asse em forno preaquecido a 180°C por cerca de 35 minutos, até crescer e firmar (ou faça o teste do palito: se sair limpo, está pronto).

Prepare a calda. Dissolva o açúcar na água em uma panela pequena em fogo baixo. Deixe ferver por 3 minutos ou até engrossar. Retire do fogo e incorpore o suco de limão e a calda da compota de gengibre.

Passe uma faca entre o bolo e a fôrma e vire-o sobre um prato de servir. Retire o papel-manteiga e regue a superfície com a calda. Sirva morno ou frio.

Variação: bolo de fubá com calda de mel e limão. Prepare a massa como acima, com um quarto de colher (chá) de cravo moído e sem o abacaxi, o gengibre e as raspas de limão-taiti. Distribua em uma fôrma redonda de aro removível de 23 cm e asse como indicado. Para a calda, misture 5 colheres (sopa) de mel e 4 colheres (sopa) de suco de limão-siciliano. Regue a superfície do bolo e sirva, quente ou frio, com chantili ou iogurte grego.

bolo bundt* de maracujá

10 fatias
Preparo: **30 minutos**
Cozimento: **40 minutos**

100 g de **manteiga sem sal** amolecida, mais um pouco para untar
175 g de **açúcar**
2 **ovos** batidos
1 colher (sopa) de **extrato de baunilha**
175 ml de **leitelho****
200 g de **farinha de trigo com fermento**
1 colher (chá) de **fermento em pó**

Para a cobertura
polpa de 2-3 **maracujás maduros**
cerca de 125 g de **açúcar de confeiteiro** peneirado
polpa e **sementes de maracujá**, para decorar

* Bundt é o nome da fôrma para esse tipo de bolo, popularizada nas décadas de 1950 e 1960 nos Estados Unidos.

** Misture 180 ml de iogurte natural com 100 ml leite, 10 minutos antes de utilizar na receita.

Bata a manteiga e o açúcar em uma vasilha até obter um creme claro. Incorpore os ovos, um por vez. Adicione a baunilha e o leitelho e peneire nesse preparado a farinha e o fermento. Misture bem.

Unte e polvilhe com farinha uma fôrma bundt de 1,4 l (pp. 13-5). Nivele a superfície e asse em forno preaquecido a 160°C por cerca de 40 minutos, até crescer e firmar, ou até um palito inserido no centro do bolo sair limpo. Solte a massa da lateral da fôrma e desenforme sobre uma grade.

Prepare a cobertura. Passe a polpa de dois maracujás por uma peneira e reserve 4-5 colheres (chá) de suco (se necessário, abra a terceira unidade). Misture com açúcar de confeiteiro suficiente para obter uma cobertura homogênea e fácil de espalhar. Despeje sobre o bolo, de maneira a escorrer pela lateral. Decore com sementes de maracujá.

Variação: bolo bundt de café. Dissolva 1 colher (sopa) de café solúvel em 1,5 colher (sopa) de água fervente. Prepare como acima, mas substitua o extrato de baunilha pelo café dissolvido. Para a cobertura, bata 125 g de açúcar de confeiteiro peneirado com 2,5-3 colheres (sopa) de creme de leite light até obter uma mistura homogênea. Despeje sobre o bolo frio como indicado e decore com grãos de café torrados cobertos com chocolate.

bolo de chocolate com coco

12 fatias
Preparo: **30 minutos**
Cozimento: **35 minutos**

250 g de **chocolate meio amargo** cortado em pedaços
75 ml de **água**
175 g de **manteiga sem sal** amolecida, mais um pouco para untar
250 g de **açúcar mascavo**
4 **ovos**
100 g de **farinha de trigo com fermento**
50 g de **cacau em pó**
100 g de **amêndoa** moída
lascas de coco fresco, para decorar (opcional)

Para o recheio e a cobertura
5 colheres (sopa) de **creme de leite light**
50 g de **coco fresco ralado** grosseiramente
275 g de **açúcar de confeiteiro** peneirado
2 colheres (chá) de **suco de limão-taiti**

Derreta o chocolate com a água em banho-maria. Bata os demais ingredientes até obter um creme claro. Incorpore o chocolate derretido.

Unte e forre a base (p. 13) de duas fôrmas redondas de 20 cm. Divida a massa igualmente entre elas e nivele a superfície. Asse em forno preaquecido a 180°C por cerca de 30 minutos, ou até crescer e firmar. Passe uma faca entre o bolo e a fôrma e desenforme sobre uma grade. Retire o papel-manteiga e deixe esfriar.

Prepare o recheio/cobertura. Aqueça o creme de leite e o coco em uma panela pequena em fogo baixo. Transfira para uma vasilha. Acrescente o açúcar de confeiteiro e o suco de limão-taiti e bata bem. Espalhe metade da mistura sobre um dos bolos e acomode o outro por cima. Cubra com o restante e decore com as lascas de coco fresco, se desejar.

Variação: bolo de chocolate e avelã. Toste levemente 100 g de avelã numa frigideira ou chapa de fogão preaquecida e depois moa no processador. Prepare a massa como na receita acima, mas substitua a amêndoa pela avelã moída. Monte o bolo de acordo com as instruções, usando no recheio 125 g de creme de chocolate com avelã e mais 125 g como cobertura. Decore com avelã picada grosseiramente.

bolo de chocolate sem farinha

12 fatias
Preparo: **25 minutos**
Cozimento: **1 hora**

125 g de **amêndoa sem pele** picada grosseiramente
125 g de **castanha-do-pará** picada grosseiramente
225 g de **chocolate meio amargo** cortado em pedaços de 5 mm
225 g de **manteiga sem sal** amolecida, mais um pouco para untar
4 **ovos**, claras e gemas separadas
225 g de **açúcar**
cacau em pó peneirado, para polvilhar

Moa a amêndoa, a castanha-do-pará e o chocolate no processador até obter consistência de farofa fina. Reserve. Bata a manteiga, as gemas e 175 g do açúcar para obter um creme claro. Incorpore a esse creme.

Bata as claras em uma vasilha grande sem vestígios de gordura, até formar picos. Adicione o açúcar restante, uma colher (sopa) por vez.

Incorpore primeiro um quarto das claras ao creme de manteiga com uma colher de metal grande e depois o restante.

Unte e forre com papel-manteiga uma fôrma redonda de fundo ou lateral removível de 23 cm (pp. 13-5). Distribua a massa e nivele a superfície. Asse em forno preaquecido a 160°C por cerca de 1 hora, até firmar (ou faça o teste do palito: se sair limpo, está pronto).

Deixe esfriar na fôrma (o centro vai afundar um pouco), retire o aro e polvilhe com o cacau. Sirva com a compota de framboesa (veja receita abaixo), se desejar.

Acompanhamento: compota de framboesa. Em uma panela pequena, cozinhe 75 g de framboesa fresca com 40 g de açúcar, 1 colher (chá) de extrato de baunilha e 1 colher (sopa) de água, até ficar bem macia e começar a desmanchar. Passe por uma peneira e incorpore mais 225 g da fruta. Misture delicadamente e refrigere até a hora de servir.

bolo de limão com calda

8 fatias
Preparo: **20 minutos**
Cozimento: **22-28 minutos**

5 **ovos**
100 g de **açúcar**
uma pitada de **sal**
125 g de **farinha de trigo com fermento**
1 colher (chá) de **fermento em pó**
raspas finas de 1 **limão-siciliano**
1 colher (sopa) de **suco de limão-siciliano**
100 g de **manteiga** derretida fria, mais um pouco para untar
coalhada ou **sour cream***, para servir

Para a calda
250 g de **açúcar de confeiteiro** peneirado
125 ml de **suco de limão-siciliano**
raspas finas de 1 **limão-siciliano**
sementes de 1 **fava de baunilha**

* Já pode ser encontrado em supermercados grandes. Para fazê-lo em casa, misture 1 colher (sopa) de suco de limão para cada xícara (chá) de creme de leite fresco.

Coloque os ovos, o açúcar e o sal em uma vasilha refratária em banho-maria e bata com um mixer por 2-3 minutos, ou até triplicar de volume e atingir consistência de creme de leite ligeiramente batido. Retire do fogo. Peneire nessa mistura a farinha e o fermento e acrescente as raspas e o suco de limão. Adicione a manteiga, deixando-a escorrer pela lateral interna do recipiente, e incorpore todos os ingredientes.

Unte e forre com papel-manteiga uma fôrma quadrada de 22 cm. Despeje a massa e asse em forno preaquecido a 180°C por cerca de 20-25 minutos, até crescer e dourar e começar a soltar da lateral da fôrma.

Prepare a calda. Combine todos os ingredientes em uma panela pequena e aqueça em fogo baixo, até o açúcar dissolver. Aumente o fogo e ferva por 4-5 minutos. Retire e deixe esfriar um pouco.

Fure toda a superfície do bolo, depois de deixá-lo esfriar por 5 minutos, e regue com dois terços da calda morna. Reserve, até absorver o líquido e esfriar completamente. Retire da fôrma e remova o papel-manteiga. Corte em quadrados e sirva com coalhada e um fio de calda.

Variação: bolo cítrico com calda e sorbet. Prepare o bolo como na receita acima, mas substitua o suco e as raspas de limão-siciliano por 1 colher (sopa) de suco e as raspas de 1 laranja. Sirva com uma porção de sorbet de limão-siciliano.

bolo de chocolate trufado

8 fatias
Preparo: **15 minutos**
Cozimento: **40 minutos**

250 g de **chocolate meio amargo** cortado em pedaços
125 g de **manteiga sem sal**
50 ml de **creme de leite fresco**
4 **ovos**, claras e gemas separadas
125 g de **açúcar**
2 colheres (sopa) **cacau em pó** peneirado, mais um pouco para polvilhar
óleo vegetal, para untar
açúcar de confeiteiro, para polvilhar
chantili e **morango**, para servir

Derreta o chocolate com a manteiga e o creme de leite em banho-maria. Retire do fogo e deixe esfriar por 5 minutos.

Junte as gemas com 75 g do açúcar e bata até obter um creme claro. Incorpore o chocolate derretido.

Coloque as claras em um refratário sem resquícios de gordura e bata com o batedor manual ou o mixer elétrico. Quando começarem a se formar picos firmes, incorpore o restante do açúcar, aos poucos e batendo sempre. Acrescente às gemas com chocolate e peneire o cacau em pó. Misture bem.

Unte levemente e forre com papel-manteiga o fundo de uma fôrma redonda de aro removível de 23 cm polvilhada com um pouco de cacau em pó. Despeje a massa e asse em forno preaquecido a 180°C por cerca de 35 minutos.

Deixe esfriar na fôrma por 10 minutos e desenforme. Sirva ainda morno, cortado em cunhas e acompanhado de chantili e morango.

Variação: bolo de chocolate com laranja ao conhaque. Acrescente as raspas de 1 laranja quando incorporar o açúcar de confeiteiro às claras na receita acima. Remova a pele dos gomos de 3 laranjas e mergulhe-os em 3 colheres (sopa) de conhaque misturado com 1 colher (sopa) de mel. Sirva com o bolo e coalhada.

bolo de pera e amêndoa

8 fatias
Preparo: **20 minutos**
Cozimento: **35 minutos**

125 g de **manteiga sem sal** amolecida, mais um pouco para untar
125 g de **açúcar**
2 **ovos** grandes batidos
50 g de **farinha de trigo com fermento** peneirada
100 g de **amêndoa** moída
½ colher (chá) de **fermento em pó**
3 **peras** maduras descascadas, sem o miolo e cortadas ao meio
50 g de **amêndoa** laminada
açúcar de confeiteiro peneirado, para polvilhar

Bata a manteiga e o açúcar até obter um creme claro e fofo. Adicione os ovos, um pouco por vez, batendo bem após cada adição (se começar a talhar, acrescente 1 colher (sopa) de farinha). Incorpore a farinha, a amêndoa e o fermento com uma colher de metal.

Unte uma fôrma redonda com aro removível de 20 cm. Despeje a massa e nivele a superfície. Disponha as metades de pera e asse no forno preaquecido a 190°C por cerca de 25 minutos. Retire, distribua a amêndoa laminada sobre o bolo e recoloque no forno por mais 10 minutos (ou faça o teste do palito: se sair limpo, está pronto).

Deixe esfriar na fôrma e remova o aro e a base. Polvilhe com açúcar de confeiteiro peneirado. Sirva com o creme de laranja, mascarpone e marsala, se desejar (veja receita abaixo).

Acompanhamento: creme de laranja, mascarpone e marsala. Bata as raspas de 1 laranja e 2 colheres (sopa) do suco com 100 g de mascarpone e 2 colheres (sopa) de marsala. Adoce a gosto com açúcar de confeiteiro e sirva.

bolo de aniversário

12 fatias
Preparo: **25 minutos**
Cozimento: **35-40 minutos**

175 g de **manteiga sem sal** amolecida, mais um pouco para untar
175 g de **açúcar**
2 colheres (chá) de **extrato de baunilha**
300 g de **farinha de trigo com fermento**
2 colheres (chá) de **fermento em pó**
3 **ovos**
50 g de **farinha de arroz**
150 ml de **iogurte natural desnatado**
175 g de **morango** sem os cabos e cortado em quatro

Para decorar
300 ml de **creme de leite fresco**
3 colheres (sopa) de **geleia de morango com baixo teor de açúcar**

Coloque a manteiga, o açúcar e a baunilha no processador e bata até ficar homogêneo. Peneire nesse preparado a farinha e o fermento e adicione os ovos, a farinha de arroz e o iogurte. Bata novamente até obter um creme.

Unte duas fôrmas redondas de 20 cm e forre a base com papel-manteiga (p. 13). Divida a massa igualmente e nivele a superfície. Asse em forno preaquecido a 180°C por cerca de 35-40 minutos, até crescer e dourar. Espere 10 minutos, desenforme sobre uma grade e remova o papel-manteiga. Deixe esfriar completamente.

Bata o creme de leite em uma vasilha até começar a formar picos. Corte o topo de um dos bolos para obter uma superfície nivelada e espalhe a geleia e metade do creme até quase chegar à borda. Distribua dois terços do morango. Acomode o segundo bolo sobre o primeiro e cubra com o creme restante. Decore com mais morango e velas.

Variação: bolo de aniversário de chocolate. Siga a receita acima, mas substitua 25 g da farinha por 25 g de cacau em pó. Recheie somente com o creme batido e troque o morango por 200 g de quadradinhos de wafer cobertos com chocolate ligeiramente esmagadas. Cubra com o creme e decore com quadradinhos inteiros.

crumble de maçã e mirtilo

16 pedaços
Preparo: **30 minutos**
Cozimento: **45 minutos**

175 g de **manteiga sem sal** amolecida, mais um pouco para untar
175 g de **açúcar**
3 **ovos** batidos
200 g de **farinha de trigo com fermento**
1 colher (chá) de **fermento em pó**
raspas de 1 **limão-siciliano**
500 g de **maçã** descascada e cortada em fatias finas
150 g de **mirtilo** descongelado

Para a cobertura
75 g de **farinha de trigo com fermento**
75 g de **müsli**
50 g de **açúcar**
75 g de **manteiga** cortada em cubos pequenos

Bata a manteiga e o açúcar em uma vasilha até obter um creme claro. Incorpore alternadamente 1 colher (sopa) de ovos e farinha, até a mistura ficar homogênea. Adicione o fermento e as raspas de limão-siciliano.

Unte e forre com papel-manteiga uma assadeira de 28 cm x 18 cm (p. 15) e nivele a superfície. Distribua a maçã e o mirtilo.

Prepare a cobertura. Bata no processador ou misture com a ponta dos dedos a farinha, o müsli, o açúcar e a manteiga, até parecer uma farofa grossa. Distribua sobre as frutas e asse em forno preaquecido a 180°C por cerca de 45 minutos, até dourar (ou faça o teste do palito: se sair limpo, está pronto).

Deixe esfriar na fôrma e transfira para uma tábua. Corte em dezesseis pedaços, retire o papel-manteiga e sirva.

Variação: crumble de maçã e frutas secas. Prepare o crumble de acordo com a receita acima, mas substitua o mirtilo por 150 g de frutas secas variadas (por exemplo: ameixa, damasco e tâmara picados misturados com uva-passa clara e escura). Distribua sobre a massa, espalhe a cobertura e 25 g de amêndoa laminada. Asse como indicado.

fantasia doce

10 fatias
Preparo: **1 hora**
Cozimento: **25 minutos**

175 g de **manteiga sem sal** amolecida, mais um pouco para untar
175 g de **açúcar**
3 **ovos**
175 g de **farinha de trigo com fermento**
1 colher (chá) de **fermento em pó**
1-2 colheres (sopa) de **leite**

Para a cobertura
250 g de **manteiga sem sal** amolecida
325 g de **açúcar de confeiteiro** peneirado
2 colheres (chá) de **extrato de baunilha**
gotas de **corante comestível cor-de-rosa**
2 colheres (chá) de **água** fervente

Para decorar
5 colheres (sopa) de **geleia de morango**
200 g de **balas pequenas coloridas e variadas**
confeitos granulados coloridos

Bata a manteiga, o açúcar, os ovos, a farinha e o fermento em uma vasilha até obter um creme claro. Adicione leite suficiente para que a mistura escorra facilmente de uma colher de pau erguida.

Unte duas fôrmas redondas de 18 cm e forre a base com papel-manteiga (p. 13). Divida a massa igualmente e nivele a superfície. Asse em forno preaquecido a 180°C por cerca de 25 minutos, até crescer e firmar. Solte a lateral, desenforme sobre uma grade e remova o papel-manteiga. Deixe esfriar.

Prepare a cobertura. Bata a manteiga e o açúcar de confeiteiro em uma vasilha até obter um creme claro. Incorpore a baunilha, gotas de corante a gosto e a água. Espalhe a geleia e um quarto do creme na superfície de um dos bolos. Acomode o outro por cima e cubra o topo e a lateral dos dois com o restante da mistura. Decore com balas, confeitos coloridos e velas, se desejar.

Variação: bolo jardim florido. Prepare os bolos conforme a receita acima. Use corante verde em vez de cor-de-rosa para o recheio e a cobertura e monte como indicado. Abra com o rolo, sobre uma superfície levemente polvilhada com açúcar de confeiteiro, 75 g de cada de pasta americana nas cores amarelo, vermelho e laranja. Faça flores usando um ou mais cortadores e decore o bolo com elas. Se desejar, faça o centro com glacê.

bolo de coração

12 fatias
Preparo: **1 hora**
Cozimento: cerca de **1h15**

225 g de **manteiga sem sal** amolecida, mais um pouco para untar
175 g de **açúcar**
3 **ovos**
250 g de **farinha de trigo com fermento**
1 colher (chá) de **fermento em pó**
100 g de **amêndoa** moída
200 g de **chocolate branco** cortado em pedaços de 5 mm
4 colheres (sopa) de **leite**

Para decorar
5 colheres (sopa) de **geleia de damasco** aquecida e peneirada
750 g de **pasta americana pronta**
açúcar de confeiteiro peneirado, para polvilhar
2-3 colheres (sopa) de **confeito granulado colorido**

Bata a manteiga, o açúcar, os ovos, a farinha, o fermento e a amêndoa moída em uma vasilha até obter um creme claro. Incorpore delicadamente 175 g do chocolate branco e o leite.

Unte e forre com papel-manteiga uma fôrma redonda de 20 cm (pp. 13-5) e nivele a superfície. Despeje a massa e asse em forno preaquecido a 160°C por cerca de 1-1h30, até firmar (ou faça o teste do palito: se sair limpo, está pronto). Desenforme sobre uma grade, remova o papel-manteiga e deixe esfriar.

Espalhe a geleia na superfície do bolo. Abra a pasta americana sobre uma superfície levemente polvilhada com açúcar de confeiteiro até obter um disco de 30 cm. Acomode sobre o topo e a lateral do bolo. Alise as dobras que eventualmente se formarem com as mãos polvilhadas de açúcar e apare o excesso de cobertura.

Pressione um cortador em forma de coração de 8 cm de largura com cuidado sobre o topo e destaque a forma recortada. Derreta o restante do chocolate branco (p. 17) e espalhe dentro da cavidade em forma de coração. Salpique com os confeitos granulados. Para decorar, prenda uma fita de cetim larga em torno do bolo.

Variação: bolo de estrela. Substitua o chocolate branco da receita acima por 200 g de cereja glaceada, se gostar. Cubra o bolo com a geleia. Abra 750 g de marzipã até obter um disco de 30 cm. Acomode sobre o bolo como indicado e corte uma estrela de 12 cm de largura. Destaque a forma recortada e preencha o espaço com 4 colheres (sopa) de confeitos prateados. Prenda uma fita de cetim larga da mesma cor ou vermelha em volta do bolo.

bolo de café e nozes

10 fatias
Preparo: **25 minutos**
Cozimento: **25 minutos**

1 colher (sopa) de **café instantâneo granulado** ou **em pó**
1 colher (sopa) de **água** fervente
175 g de **manteiga sem sal** amolecida, mais um pouco para untar
175 g de **açúcar**
3 **ovos**
175 g de **farinha de trigo com fermento**
1 colher (chá) de **fermento em pó**
50 g de **nozes** bem picadas, mais algumas metades **para decorar**

Para a cobertura
1 colher (chá) de **café instantâneo granulado** ou **em pó**
100 g de **manteiga sem sal** amolecida
150 g de **açúcar de confeiteiro** peneirado

Dissolva o café na água. Bata a manteiga, o açúcar, os ovos, a farinha e o fermento em uma vasilha até obter um creme claro. Incorpore o café dissolvido e as nozes.

Unte duas fôrmas redondas de 18 cm e forre a base com papel-manteiga (p. 13). Divida a massa igualmente e nivele a superfície. Asse em forno preaquecido a 180°C até firmar. Solte a lateral, desenforme sobre uma grade e remova o papel-manteiga. Deixe esfriar.

Prepare a cobertura. Dissolva o café na água e incorpore à manteiga batida com o açúcar até o ponto de creme claro e homogêneo. Cubra um dos bolos com metade do creme, acomode o segundo em cima e espalhe o restante da cobertura no topo. Decore com as metades de nozes.

Variação: bolo de café e chocolate. Prepare o bolo conforme a receita acima, mas substitua 25 g da farinha por 25 g de cacau em pó e dispense as nozes. Bata 75 g de manteiga sem sal amolecida e 125 g de açúcar de confeiteiro até obter um creme claro. Incorpore 75 g de chocolate meio amargo derretido (p. 17) e use como recheio e cobertura dos dois bolos. Decore com raspas de chocolate.

bolo de tangerina com frutas vermelhas

10 fatias
Preparo: **25 minutos**, mais o tempo para esfriar
Cozimento: **1 hora**

300 g de **tangerina** inteira
5 **ovos**, claras e gemas separadas
200 g de **açúcar**
200 g de **amêndoa** moída
1 colher (chá) de **fermento em pó**
manteiga, para untar
400 g de **frutas vermelhas frescas variadas**, como morango, framboesa e cereja
açúcar de confeiteiro peneirado, para polvilhar

Leve ao fogo a tangerina em uma panela com água suficiente para cobri-la. Abaixe o fogo e cozinhe por cerca de 40 minutos, até ficar bem macia. Escorra e deixe esfriar o suficiente para manipular. Corte em quatro pedaços, descarte as sementes e bata no processador até obter um purê. Transfira para uma vasilha grande e incorpore as gemas, 150 g do açúcar, a amêndoa moída e o fermento.

Bata as claras em outra vasilha grande e sem vestígios de gordura com um mixer, até formar picos. Acrescente o restante do açúcar aos poucos, 1 colher (sopa) por vez. Incorpore um quarto da clara em neve à mistura de tangerina com uma colher grande de metal. Agregue o restante e mexa bem.

Unte uma fôrma redonda de 22-23 cm e forre a base com papel-manteiga (pp. 13-5). Despeje a massa e nivele a superfície. Asse em forno preaquecido a 160°C por cerca de 50 minutos, até firmar (ou faça o teste do palito: se sair limpo, está pronto). Deixe esfriar e desenforme. Polvilhe com açúcar de confeiteiro peneirado e sirva com creme de gengibre (veja receita abaixo), se gostar.

Acompanhamento: creme de gengibre. Aqueça 5 colheres (sopa) de geleia de gengibre e 3 colheres (sopa) de conhaque em fogo baixo, até a geleia derreter. Passe por uma peneira e deixe esfriar. Bata 150 ml de creme de leite fresco com a mistura de geleia e 1 colher (chá) de suco de limão-siciliano ou taiti até obter picos moles. Transfira para uma vasilha e refrigere até a hora de servir.

bolos para o lanche

bolo de manga e baunilha

8 fatias
Preparo: **20 minutos**
Cozimento: **1 hora**

225 g de **farinha de trigo com fermento**
2 colheres (chá) de **fermento em pó**
150 g de **açúcar**
50 g de **aveia em flocos**
1 **ovo** batido
175 ml de **leite**
1 colher (chá) de **extrato de baunilha**
100 g de **manteiga sem sal** derretida, mais um pouco para untar
1 **manga** pequena madura cortada em cubos de 5 mm
açúcar baunilhado*, para polvilhar

* Caso não encontre o açúcar baunilhado nos supermercados de sua região, prepare desta forma: abra uma fava de baunilha e deixe em um pote com açúcar por 2-3 semanas, mexendo de vez em quando.

Peneire a farinha e o fermento em uma vasilha e incorpore o açúcar e a aveia. Bata em uma jarra o ovo, o leite, a baunilha e a manteiga derretida. Adicione aos ingredientes secos, junte metade da manga e misture bem com uma colher de metal grande.

Unte e forre com papel-manteiga uma fôrma para bolo inglês com capacidade para 1,3 l ou 1 kg (p. 15) e despeje a massa. Distribua o restante da manga e asse em forno preaquecido a 180°C por cerca de 1 hora, até crescer e firmar (ou faça o teste do palito: se sair limpo, está pronto).

Deixe na fôrma por 5 minutos, solte as laterais e desenforme sobre uma grade para esfriar completamente. Retire o papel-manteiga e sirva morno ou frio, polvilhado com açúcar baunilhado.

Variação: bolo de mirtilo. Aqueça 75 g de mirtilo seco picado e 50 ml de suco de maçã ou laranja em uma panela pequena até o líquido borbulhar. Retire do fogo. Deixe esfriar e a fruta absorver o caldo. Prepare a massa de acordo com a receita acima, mas sem a manga e o extrato de baunilha e adicionando 1 colher (chá) de canela em pó aos ingredientes secos. Incorpore o mirtilo e o suco que restar e despeje a massa na fôrma. Espalhe 2 colheres (sopa) de aveia em flocos. Asse como indicado.

bolo mesclado de tâmara e banana

10 fatias
Preparo: **20 minutos**,
mais o tempo para esfriar
Cozimento: **1h25**

250 g de **tâmara** sem caroço picada grosseiramente
100 ml de **água**
raspas e suco de 1 **limão-siciliano**
2 **bananas** pequenas bem maduras
150 g de **manteiga sem sal** amolecida, mais um pouco para untar
150 g de **açúcar**
2 **ovos**
100 ml de **leite**
275 g de **farinha de trigo com fermento**
1 colher (chá) de **fermento em pó**

Aqueça até ferver 200 g de tâmara com a água e as raspas e o suco de limão. Abaixe o fogo e cozinhe por 5 minutos, até ficar bem macia. Desmanche com um garfo para fazer um purê. Deixe esfriar.

Amasse a banana e adicione a manteiga, o açúcar, os ovos, o leite, a farinha e o fermento em pó. Bata bem até obter uma mistura homogênea.

Unte e forre com papel-manteiga (p. 15) uma fôrma para bolo inglês com capacidade para 1,5 l ou 1,25 kg. Despeje um terço da massa com banana e espalhe sobre ela metade do purê de tâmara. Faça mais uma camada de massa e cubra com o restante do purê. Nivele a superfície e asse em forno preaquecido a 160°C por cerca de 1h20, até crescer (ou faça o teste do palito: se sair limpo, está pronto). Mantenha na fôrma por 15 minutos, solte as laterais e transfira para uma grade. Retire o papel-manteiga e deixe esfriar completamente.

Variação: bolo de banana com cobertura. Prepare o bolo de acordo com a receita acima, mas sem a tâmara. Para a cobertura, bata bem 150 g de manteiga sem sal amolecida, 6 colheres (sopa) de açúcar de confeiteiro peneirado e 6 colheres (sopa) de mel, até obter um creme claro. Depois que o bolo esfriar, espalhe essa cobertura e enfeite com rodelas de banana, se desejar.

bolo de maçã com cobertura de limão

10 fatias
Preparo: **20 minutos**, mais o tempo para esfriar
Cozimento: cerca de **1h15**

100 g de **maçã seca** picada grosseiramente
100 ml de **água**
175 g de **manteiga sem sal** amolecida, mais um pouco para untar
raspas de 2 **limões-sicilianos**
3 colheres (sopa) de **suco de limão-siciliano**
175 g de **açúcar**
3 **ovos**
250 g de **farinha de trigo com fermento**
50 g de **semente de papoula***

Para a cobertura
75 g de **açúcar de confeiteiro** peneirado
1 colher (sopa) de **suco de limão-siciliano**

* No Brasil, embora o uso culinário seja permitido, há certa dificuldade em encontrá-la. Se for o caso, substitua por chia ou gergelim preto.

Aqueça a maçã com a água em uma panela pequena, até a fruta absorver o líquido. Deixe esfriar.

Bata os demais ingredientes até obter um creme claro. Incorpore a maçã.

Unte e forre com papel-manteiga uma fôrma para bolo inglês com capacidade para 1,3 l ou 1 kg. Despeje a massa e nivele a superfície. Asse em forno preaquecido a 160°C até firmar (ou faça o teste do palito: se sair limpo, está pronto). Solte as laterais e transfira para uma grade. Retire o papel-manteiga e deixe esfriar.

Prepare a calda. Bata o açúcar de confeiteiro e o suco de limão-siciliano até obter uma calda fácil de espalhar. Se necessário, acrescente algumas gotas de água ou de suco. Regue o bolo e deixe escorrer pelas laterais.

Variação: bolo de laranja com cobertura cremosa. Prepare a massa de acordo com a receita acima, mas substitua o suco e as raspas de limão-siciliano por 3 colheres (sopa) de suco e as raspas de 1 laranja. Para a cobertura, bata 100 g de cream cheese amolecido, 25 g de manteiga sem sal amolecida, 1 colher (sopa) de suco e as raspas de 1 laranja e 50 g de açúcar de confeiteiro peneirado, até obter um creme homogêneo. Espalhe sobre o bolo frio.

bolo de chocolate

8 fatias
Preparo: **20 minutos**
Cozimento: **50 minutos**

125 g de **manteiga sem sal** amolecida, mais um pouco para untar
125 g de **açúcar demerara**
2 **ovos**
125 g de **farinha de trigo com fermento**
25 g de **cacau em pó**
150 g de **chocolate ao leite** picado em pedaços de 5 mm

Para a cobertura
50 g de **chocolate ao leite** quebrado em pedaços pequenos
50 g de **manteiga sem sal** amolecida
75 g de **açúcar de confeiteiro** peneirado

Bata a manteiga, o açúcar, os ovos, a farinha e o cacau até obter um creme homogêneo. Incorpore 125 g do chocolate meio amargo picado e reserve o restante para decorar.

Unte e forre com papel-manteiga uma fôrma para bolo inglês com capacidade para 750 ml ou 500 g. Despeje a massa e nivele a superfície. Asse em forno preaquecido a 160°C por cerca de 50 minutos, até firmar (ou faça o teste do palito: se sair limpo, está pronto). Solte as laterais e transfira para uma grade. Retire o papel-manteiga e deixe esfriar.

Prepare a cobertura. Derreta o chocolate ao leite em banho-maria. Enquanto isso, bata a manteiga e o açúcar de confeiteiro até obter um creme claro. Incorpore o chocolate derretido. Espalhe sobre o bolo e decore com os pedaços de chocolate meio amargo reservados.

Variação: bolo marmorizado de chocolate.
Bata 125 g de manteiga sem sal amolecida, 125 g de açúcar, 2 ovos e 150 g de farinha de trigo com fermento, até ficar homogêneo. Transfira metade da massa para outra vasilha e incorpore 50 g de chocolate meio amargo derretido (p. 17). Prepare a fôrma como indicado acima. Preencha a fôrma alternando colheradas de massa com e sem chocolate. Misture as duas com uma faca, para criar o efeito marmorizado. Asse da mesma maneira.

bolo melado de uva-passa

8 fatias
Preparo: **10 minutos**,
mais o tempo de hidratação
Cozimento: **45 minutos**

200 g de **uva-passa clara**
125 g de **açúcar demerara**, mais um pouco para polvilhar
2 colheres (sopa) de **melado escuro**
100 g de **cereal matinal integral em flocos**
1 colher (chá) de **mix de especiarias em pó** (p. 28)
300 ml de **leite**
150 g de **farinha de trigo com fermento**
manteiga, para untar

*** Compota de gengibre**
Descasque 800 g de gengibre fresco e corte em pedaços iguais. Deixe de molho em água fria por uma noite. Escorra, coloque o gengibre em uma panela e cubra com água. Ferva, escorra e repita a operação mais duas vezes, até o gengibre ficar macio e fácil de cortar (o processo leva cerca de uma hora). Em uma panela de fundo grosso, ferva 750 ml de água e 375 g de açúcar, reduza o fogo e cozinhe por 20-30 minutos, até obter um xarope espesso. Junte o gengibre cozido e mantenha por mais 10 minutos. Deixe esfriar antes de guardar em um pote esterilizado.

Misture a uva-passa, o açúcar, o melado, o cereal, as especiarias e o leite e reserve por 20 minutos, até hidratar os flocos. Incorpore a farinha.

Unte e forre com papel-manteiga uma fôrma para bolo inglês com capacidade para 1,3 l ou 1 kg. Despeje a massa e nivele a superfície. Asse em forno preaquecido a 160°C por cerca de 45 minutos, até crescer e firmar (ou faça o teste do palito: se sair limpo, está pronto). Solte as laterais e transfira para uma grade. Retire o papel-manteiga e deixe esfriar. Corte em fatias e sirva com um pouco de manteiga.

Variação: bolo de figo e gengibre. Prepare a massa de acordo com a receita acima, mas substitua a uva-passa clara por 200 g de figo seco cortado em fatias, o melado escuro por 2 colheres (sopa) de mel e as especiarias por 6 pedaços de compota de gengibre* bem picados (ou a gosto). Regue com um fio de mel para servir.

bolo chai

10 fatias
Preparo: **15 minutos**, mais o tempo de infusão
Cozimento: **1h15**

- 1 ½ colher (chá) de preparado para **chai***
- 300 ml de **água** fervente
- 250 g de **farinha de trigo com fermento**
- 1 colher (chá) de **fermento em pó**
- 150 g de **açúcar demerara**
- 300 g de **frutas secas variadas** (ameixa, damasco, figo seco, uva-passa clara e escura, tâmara etc.)
- 50 g de **castanha-do-pará**
- 50 g de **manteiga** cortada em fatias finas, mais um pouco para untar
- 1 **ovo** batido

* Chá feito com especiarias e temperos (cardamomo, cravo, canela, pimenta, gengibre) picados, originário do sul da Índia.

Mantenha o chai em infusão na água fervente por 5 minutos (se não usar um infusor, é preciso coar). Reserve.

Misture a farinha, o fermento, o açúcar, as frutas secas e a castanha-do-pará. Coloque a manteiga no chá e mexa até derreter. Deixe esfriar e adicione aos ingredientes secos. Acrescente o ovo e misture bem.

Unte e forre com papel-manteiga uma fôrma para bolo inglês com capacidade para 1,3 l ou 1 kg. Despeje a massa e espalhe-a até os cantos. Asse em forno preaquecido a 160°C por cerca de 1h15, até crescer e firmar (ou faça o teste do palito: se sair limpo, está pronto). Solte as laterais e transfira para uma grade. Retire o papel-manteiga e deixe esfriar.

Cubra com o creme chai, se desejar (veja receita abaixo).

Acompanhamento: creme chai. Ferva 50 ml de leite e meia colher (chá) de preparado para chai. Retire do fogo e mantenha em infusão até o líquido esfriar. Bata 200 g de cream cheese e 25 g de manteiga sem sal bem amolecida, até obter um creme homogêneo. Incorpore o leite aromatizado e 75 g de açúcar de confeiteiro peneirado.

bolo de romã e gengibre

20 fatias
Preparo: **25 minutos**
Cozimento: **50 minutos**

200 g de **farinha de trigo com fermento**
1 colher (chá) de **bicarbonato de sódio**
100 ml de **leite**
1 **ovo**
100 g de **açúcar mascavo**
125 g de **melado escuro**
75 g de **manteiga sem sal**, mais um pouco para untar
6 pedaços de **compota de gengibre** (p. 68) picados

Para a cobertura
300 ml de **suco de romã**
2 colheres (sopa) de **mel**
polpa de **1 romã**

Peneire a farinha e o bicarbonato de sódio em uma vasilha. Em uma jarra, bata o leite e o ovo. Aqueça o açúcar, o melado e a manteiga em uma panela em fogo baixo, até o açúcar dissolver e a manteiga derreter. Retire do fogo e adicione a mistura de leite e ovo e o gengibre. Despeje sobre os ingredientes secos e misture bem com uma colher de metal grande.

Unte e forre com papel-manteiga duas fôrmas para bolo inglês com capacidade para 1,3 l ou 1 kg. Distribua a massa igualmente entre elas e nivele a superfície. Asse em forno preaquecido a 160°C por cerca de 30 minutos, até firmar (ou faça o teste do palito: se sair limpo, está pronto). Deixe esfriar nas fôrmas. Solte as laterais, transfira para uma grade e retire o papel-manteiga.

Prepare a calda. Ferva o suco de romã por 15 minutos, até espessar e reduzir a aproximadamente 3 colheres (sopa). Misture com o mel. Corte o bolo em fatias e cada uma em dois pedaços. Regue com um fio de calda e decore com um pouco de polpa de romã.

Variação: bolo de uva-passa e gengibre. Prepare os bolos de acordo com as instruções acima, mas reduza a quantidade de leite para 25 ml e distribua 75 g de uva-passa clara sobre a massa antes de assar. Para a calda, misture 75 g de açúcar de confeiteiro peneirado e 2 colheres (chá) de suco de limão-siciliano. Deixe cair em fio sobre os bolos antes de servir.

bolo jamaicano de gengibre

10 fatias
Preparo: **30 minutos**,
mais o tempo para esfriar
Cozimento: **55-65 minutos**

150 g de **manteiga**, mais um pouco para untar
150 g de **melado claro**
150 g de **melado escuro**
150 g de **farinha de trigo com fermento**
150 g de **farinha de trigo integral**
4 colheres (chá) de **gengibre em pó**
1 colher (chá) de **mix de especiarias em pó** (p. 28)
1 colher (chá) de **bicarbonato de sódio**
2 **ovos** batidos
4 colheres (sopa) de **leite**

Para a cobertura
1 colher (sopa) de **geleia de damasco**
125 g de **frutas tropicais secas** ou **glaceadas** cortadas em tiras finas
2 pedaços de **compota de gengibre** (p. 68) picados

Aqueça em uma panela em fogo baixo a manteiga e os dois tipos de melado, mexendo de vez em quando, até a manteiga derreter. Retire do fogo e deixe a calda esfriar por 5 minutos.

Misture os ingredientes secos em uma vasilha grande. Incorpore a calda aos poucos e, depois, os ovos e o leite. Bata até ficar homogêneo.

Unte e forre com papel-manteiga uma fôrma para bolo inglês com capacidade para 1,3 l ou 1 kg (p. 15). Asse em forno preaquecido a 160°C por cerca de 50-60 minutos até crescer bem e o topo rachar (ou faça o teste do palito: se sair limpo, está pronto).

Mantenha na fôrma por 10 minutos, solte as laterais e transfira para uma grade. Remova o papel-manteiga e deixe esfriar completamente.

Espalhe a geleia no topo do bolo e decore com as frutas tropicais e o gengibre.

Variação: bolo Parkin*. Prepare a massa de acordo com as instruções acima, mas substitua a farinha de trigo integral por 150 g de farinha de aveia. Unte e forre com papel-manteiga uma fôrma quadrada de 20 cm e asse a 150°C por cerca de 50-60 minutos, até firmar. Desenforme depois de frio, retire o papel-manteiga e envolva em um pedaço novo. Na hora de servir, corte em dezesseis quadradinhos.

* Bolo típico do norte da Inglaterra.

bolo de damasco

10 fatias
Preparo: **25 minutos**, mais o tempo de hidratação
Cozimento: **1 hora**

100 g de **damasco** picado
100 g de **uva-passa clara**
100 g de **uva-passa escura**
150 g de **açúcar**
300 ml de **chá-preto** forte e quente
275 g de **farinha de trigo com fermento**
1 colher (chá) de **bicarbonato de sódio**
1 colher (chá) de **canela em pó**
1 **ovo** batido
manteiga, para untar

Coloque em uma vasilha as frutas secas, o açúcar e o chá. Mexa bem e reserve por pelo menos 4 horas, ou de um dia para outro.

Combine a farinha, o bicarbonato e a canela e acrescente às frutas secas. Incorpore o ovo e misture bem.

Unte e forre com papel-manteiga uma fôrma para bolo inglês com capacidade para 1,3 l ou 1 kg. Despeje a massa e nivele a superfície. Asse no centro do forno preaquecido a 160°C por cerca de 1 hora, até crescer bem e o topo rachar (ou faça o teste do palito: se sair limpo, está pronto).

Mantenha na fôrma por 10 minutos, solte as laterais e transfira para uma grade. Remova o papel-manteiga e deixe esfriar completamente. Corte em fatias e sirva com um pouco de manteiga.

Variação: bolo de ameixa e laranja. Substitua o damasco e a uva-passa clara da receita acima por 175 g de ameixa seca picada e aumente a quantidade de uva-passa escura para 125 g. Misture com o açúcar, adicione as raspas de 1 laranja e hidrate em 150 ml de suco de laranja e 150 ml de água fervente, em vez de usar o chá. Dispense a canela e combine a farinha, o bicarbonato e o ovo. Incorpore o líquido com as frutas aos ingredientes secos. Despeje a massa na fôrma preparada e asse como indicado.

bolo de pistache caramelado

8 fatias
Preparo: **25 minutos**,
mais o tempo para esfriar
Cozimento: **55 minutos**

150 g de **pistache**
2 colheres (chá) de **clara**
2 colheres (sopa) de **açúcar baunilhado** (p. 60)
125 g de **manteiga sem sal** amolecida, mais um pouco para untar
100 g de **açúcar**
raspas de 1 **limão-siciliano**
2 **ovos**, claras e gemas separadas
75 g de **farinha de trigo com fermento**
½ colher (chá) de **fermento em pó**
açúcar de confeiteiro peneirado, para polvilhar

Misture o pistache com a clara levemente batida, para envolvê-lo bem. Polvilhe o açúcar baunilhado de maneira uniforme. Espalhe em uma assadeira forrada com papel-manteiga e leve ao forno preaquecido 160°C por cerca de 10 minutos, até caramelizar. Deixe esfriar e pique grosseiramente.

Bata a manteiga, 75 g do açúcar e as raspas de limão até obter um creme claro e leve. Incorpore as gemas. Peneire juntos a farinha e o bicarbonato. Reserve 3 colheres (sopa) de pistache e acrescente o restante aos ingredientes secos.

Bata as claras até obter o ponto de pico firme. Adicione aos poucos o restante do açúcar, uma colher por vez. Incorpore um terço das claras ao creme de manteiga usando uma colher de metal grande e, depois, agregue o restante.

Unte e forre com papel-manteiga uma fôrma para bolo inglês com capacidade para 1,3 l ou 1 kg. Despeje a massa e nivele a superfície. Espalhe o pistache preparado e leve ao forno por cerca de 45 minutos, até firmar (ou faça o teste do palito: se sair limpo, está pronto).

Solte as laterais e transfira para uma grade para esfriar. Retire o papel-manteiga e polvilhe com açúcar de confeiteiro peneirado. Sirva com o creme de iogurte e mel (veja receita abaixo).

Acompanhamento: creme de iogurte e mel. Bata 100 ml de creme de leite fresco até engrossar. Incorpore 200 ml de iogurte grego e 4 colheres (sopa) de mel. Sirva sobre as fatias do bolo de pistache caramelizado e regue com um fio de mel, se desejar.

bolo de cerveja e uva-passa

10 fatias
Preparo: **15 minutos**,
mais o tempo para esfriar
Cozimento: **55 minutos**

300 ml de **cerveja tipo Ale**
150 g de **uva-passa escura**
150 g de **açúcar mascavo**
1 colher (chá) de **semente de cardamomo** (opcional)
1 **ovo** batido
175 g de **farinha de trigo com fermento**
150 g de **farinha de trigo integral**
1 colher (chá) de **fermento em pó**
manteiga, para untar

Ferva a cerveja com a uva-passa em uma panela. Transfira para uma vasilha e deixe esfriar completamente.

Incorpore o açúcar, as sementes de cardamomo (se usar) e o ovo. Adicione as farinhas e o fermento e misture bem.

Unte e forre com papel-manteiga uma fôrma para bolo inglês com capacidade para 1,3 l ou 1 kg. Despeje a massa, fazendo com que chegue até os cantos, e nivele a superfície. Asse em forno preaquecido 180°C por cerca de 50 minutos, até crescer e firmar (ou faça o teste do palito: se sair limpo, está pronto). Solte as laterais e transfira para uma grade. Retire o papel-manteiga e deixe esfriar.

Variação: bolo de frutas secas e nozes. Ferva 200 g de frutas secas variadas em 175 ml de suco de maçã. Despeje em uma vasilha e deixe esfriar completamente. Acrescente 50 g de amêndoa moída, 50 g de nozes picadas grosseiramente, 100 g de açúcar, 1 ovo batido, 75 g de farinha de trigo com fermento e meia colher (chá) de fermento em pó e misture bem. Despeje em uma fôrma para bolo inglês com capacidade para 750 ml ou 500 g e asse como indicado na receita acima.

bolo de chocolate com cobertura

10 fatias
Preparo: **20 minutos**, mais o tempo para esfriar
Cozimento: **1h20**

50 g de **cacau em pó**
200 ml de **água** fervente
225 g de **chocolate meio amargo** picado
100 g de **manteiga sem sal** amolecida, mais um pouco para untar
250 g de **açúcar demerara**
2 **ovos**
175 g de **farinha de trigo com fermento**
1/2 colher (chá) de **bicarbonato de sódio**
1 colher (chá) de **extrato de baunilha**

Para a cobertura
75 g de **chocolate meio amargo** picado
2 colheres (sopa) de **melado claro**
40 g de **manteiga**

Misture o cacau com a água fervente. Junte 125 g do chocolate e mexa de vez em quando até derreter. Deixe esfriar.

Bata a manteiga, o açúcar, os ovos, a farinha, o bicarbonato e a baunilha até obter um creme claro. Incorpore a mistura de chocolate e o restante do chocolate picado.

Unte e forre com papel-manteiga uma fôrma para bolo inglês com capacidade para 1,5 l ou 1,25 kg. Despeje a massa e nivele a superfície. Asse em forno preaquecido a 160°C por cerca de 1h15 (ou faça o teste do palito: se sair limpo, está pronto). Solte as laterais e transfira para uma grade. Retire o papel-manteiga e deixe esfriar.

Prepare a cobertura. Aqueça todos os ingredientes em uma panela, em fogo baixo, até o chocolate começar a derreter. Retire do fogo e mexa até obter uma mistura homogênea. Deixe esfriar um pouco e espalhe sobre o bolo.

Variação: cobertura de manteiga ao gengibre.
Para substituir a cobertura da receita acima e espalhar nas fatias do bolo de chocolate, rale finamente 50 g de gengibre fresco, preservando o líquido que soltar. Passe por uma peneira. Misture com 100 g de manteiga sem sal amolecida e 75 g de açúcar de confeiteiro peneirado e bata bem, até obter um creme homogêneo.

biscoitos e barrinhas

biscoitinho recheado com morango

Cerca de **12** unidades
Preparo: **25 minutos**, mais o tempo para resfriar
Cozimento: **15 minutos**

200 g de **farinha de trigo com fermento**
50 g de **maisena**
175 g de **manteiga sem sal** gelada cortada em cubos, mais um pouco para untar
75 g de **açúcar**

Para o recheio
125 g de **açúcar de confeiteiro** peneirado, mais um pouco para polvilhar
75 g de **manteiga sem sal** amolecida
1 colher (chá) de **extrato de baunilha**
1 colher (chá) de **água fervente**
5 colheres (sopa) de **geleia de morango**

Bata no processador a farinha, a maisena e a manteiga até obter uma farofa (ou trabalhe com os dedos). Adicione o açúcar e continue processando, até formar a massa. Envolva em filme de PVC e refrigere por 1 hora.

Abra a massa em uma superfície enfarinhada até ficar com 5 mm de espessura. Faça 24 círculos usando um cortador liso de 5 cm (junte as sobras de massa para fazer mais biscoitinhos, se possível). Disponha espaçadamente em uma assadeira untada e leve ao forno preaquecido a 190°C por cerca de 15 minutos, até começarem a dourar. Transfira para uma grade para esfriar.

Prepare o recheio. Bata o açúcar de confeiteiro, a manteiga e a baunilha. Adicione a água e continue a bater até obter um creme claro. Recheie dois biscoitos com o creme e a geleia. Sirva polvilhado com açúcar de confeiteiro peneirado.

Variação: biscoito amanteigado. Bata no processador 150 g de farinha de trigo e 2 colheres (sopa) de farinha de arroz. Adicione 100 g de manteiga sem sal gelada cortada em cubos e processe até obter uma farofa. Acrescente 50 g de açúcar e misture para formar a massa. Aperte no fundo de uma fôrma de bolo untada de 18 cm em uma camada uniforme. Fure a superfície com um garfo e asse em forno preaquecido a 160°C por cerca de 40 minutos, ou até dourar levemente. Molde triângulos e polvilhe com açúcar. Deixe na fôrma por 10 minutos e transfira para uma grade para esfriar completamente.

biscoitinho de laranja e cardamomo

Cerca de **12** unidades
Preparo: **15 minutos**,
mais o tempo para resfriar
Cozimento: **15 minutos**

150 g de **farinha de trigo com fermento**
12 **bagas de cardamomo** bem esmagadas
100 g de **manteiga sem sal** gelada cortada em cubos, mais um pouco para untar
50 g de **açúcar de confeiteiro** peneirado
1 gema
raspas de 1 **laranja**

Para decorar
75 g de **açúcar de confeiteiro** peneirado
1 colher (sopa) de **suco de laranja**

Triture no processador a farinha e as bagas de cardamomo. Acrescente a manteiga e processe (ou trabalhe com os dedos) até obter uma farofa. Misture o açúcar de confeiteiro, adicione a gema e as raspas de laranja e processe até formar a massa. Envolva em filme de PVC e refrigere por 1 hora.

Abra a massa em uma superfície enfarinhada até ficar com 5 mm de espessura. Faça doze círculos usando um cortador em forma de coração de 5-6 cm de largura (junte as sobras de massa para fazer mais biscoitinhos, se possível). Disponha espaçadamente em uma assadeira untada e leve ao forno preaquecido a 190°C por cerca de 15 minutos, ou até dourar levemente. Transfira para uma grade para esfriar.

Prepare uma calda com o açúcar de confeiteiro e o suco de laranja e despeje em fio sobre os biscoitinhos, para decorar.

Variação: biscoitinho de baunilha. Prepare e refrigere a massa de acordo com as instruções acima, mas substitua o cardamomo e as raspas de laranja por 1 colher (chá) de extrato de baunilha. Abra a massa em uma superfície enfarinhada até ficar com 5 mm de espessura e faça doze círculos usando um cortador liso de 5-6 cm. Asse como indicado e sirva polvilhado com açúcar de confeiteiro peneirado.

macaron fácil de amêndoa

Cerca de **15** unidades
Preparo: **10 minutos**
Cozimento: **15 minutos**

2 **claras**
100 g de **açúcar**
manteiga, para untar
100 g de **amêndoa** moída
amêndoa sem pele, para decorar

Bata as claras em neve em uma vasilha sem vestígios de gordura. Adicione o açúcar aos poucos até ficar espesso e brilhante. Incorpore a amêndoa moída. Unte e forre com papel-manteiga uma assadeira grande.

Deixe cair porções de massa de uma colher de sobremesa espaçadamente sobre a assadeira, formando montinhos. Decore cada um com uma amêndoa.

Asse em forno preaquecido a 180°C por cerca de 15 minutos, até ficarem dourados e crocantes. Mantenha na assadeira por 5 minutos e transfira para uma grade para esfriar.

Variação: macaron de chocolate. Prepare a massa como acima, mas substitua 20 g de amêndoa moída por 20 g de cacau em pó e dispense a amêndoa para decorar. Derreta 50 g de chocolate meio amargo ou ao leite (p. 17) e, usando uma colher de chá, despeje em fio sobre os biscoitos já frios.

biscoitinho de laranja

Cerca de **80** unidades
Preparo: **10 minutos**
Cozimento: **10-12 minutos**

250 g de **farinha de trigo com fermento** peneirada
175 g de **manteiga sem sal** gelada cortada em cubos, mais um pouco para untar
raspas de 1 **laranja**
½ colher (chá) de **mix de especiarias em pó** (p. 28)
75 g de **açúcar**
2 colheres (chá) de **água gelada**

Para servir
2 colheres (chá) de **açúcar de confeiteiro** peneirado
1 colher (chá) de **cacau em pó**

Junte a farinha e a manteiga em uma vasilha ou processador. Misture ou bata até obter uma farofa. Adicione os demais ingredientes e a água gelada e trabalhe ou processe até formar a massa.

Abra a massa em uma superfície enfarinhada até ficar com 2,5 mm de espessura. Faça cerca de oitenta círculos usando um cortador liso de 1,5 cm (junte as sobras de massa, se necessário).

Distribua entre duas assadeiras untadas e forradas com papel-manteiga e asse em forno preaquecido a 200°C até dourar. Transfira para uma grade para esfriar.

Peneire juntos o açúcar de confeiteiro e o cacau em pó e polvilhe nos biscoitinhos antes de servir.

Variação: biscoitinho de limão e cardamomo. Esmague bem 10 bagas de cardamomo e prepare a massa de acordo com as instruções acima, mas substitua as raspas de laranja por raspas de 1 limão--siciliano, o mix de especiarias pelo cardamomo e a água gelada por 2 colheres (chá) de suco de limão--siciliano. Asse como indicado e sirva polvilhado com açúcar de confeiteiro peneirado.

biscoito de amêndoa

Cerca de **14** unidades
Preparo: **20 minutos**
Cozimento: **10 minutos**

150 g de **amêndoa** moída
1 colher (sopa) de **farinha de trigo**
175 g de **açúcar**, mais um pouco para polvilhar
½ colher (chá) de **fermento em pó**
1 clara
½ colher (chá) de **extrato de baunilha**

Misture a amêndoa, a farinha, o açúcar e o fermento. Bata a clara até formar picos firmes e incorpore aos ingredientes secos. Adicione a baunilha e forme a massa.

Polvilhe uma superfície com açúcar. Molde 1 colher (sopa) de massa em um rolo de cerca de 6 cm e passe sobre o açúcar. Repita com a massa restante até completar a quantidade desejada de biscoitos. Acomode espaçadamente em uma assadeira forrada com papel-manteiga.

Leve ao forno preaquecido a 200°C por 10 minutos, até dourar levemente. Transfira para uma grade para esfriar.

Variação: biscoito com laranja e uva-passa clara. Prepare a massa como indicado acima, mas diminua a quantidade de açúcar para 150 g e acrescente 2 colheres (sopa) de casca de laranja cristalizada e 2 colheres (sopa) de uva-passa clara ao incorporar a baunilha.

biscotti de pistache

Cerca de **24** unidades
Preparo: **15 minutos**,
mais o tempo para esfriar
Cozimento: **30 minutos**

25 g de **manteiga sem sal** amolecida, mais um pouco para untar
50 g de **açúcar**
raspas de 1 **limão-siciliano**
125 g de **farinha de trigo com fermento**
½ colher (chá) de **fermento em pó**
1 gema
1 colher (sopa) de **clara**
65 g de **pistache** picado grosseiramente

Bata a manteiga, o açúcar e as raspas de limão-siciliano até obter um creme claro e leve. Peneire sobre esse preparado a farinha e o fermento e misture. Incorpore a gema, a clara e o pistache e forme uma massa macia.

Divida a massa em duas porções e molde cada uma em um rolo de cerca de 15 cm. Disponha em uma assadeira untada deixando espaço entre elas e achate até ficar com 1 cm de altura.

Leve ao forno preaquecido a 160°C por 20 minutos, até crescer e dourar levemente. Retire (mas não desligue) e deixe esfriar por10 minutos. Corte fatias de 1 cm usando uma faca de serra. Reacomode os biscoitos na assadeira com o lado cortado virado para cima e recoloque no forno por mais 10 minutos, até ficarem crocantes. Transfira para uma grade para esfriar.

Variação: cookie de aveia e nozes. Misture 50 g de farinha de trigo com fermento peneirada, 50 g de aveia em flocos, 40 g de nozes picadas e um quarto de colher (chá) de bicarbonato de sódio. Derreta em fogo baixo 50 g de manteiga sem sal com 50 g de açúcar e 1 colher (sopa) de melado claro. Adicione à mistura de aveia e misture bem. Molde bolinhas com 1 colher (chá) de massa e disponha espaçadamente em uma assadeira untada. Asse por cerca de 15 minutos, até dourar ligeiramente. Transfira para uma grade para esfriar.

cookie com chocolate branco e cereja

12 unidades
Preparo: **10 minutos**
Cozimento: **10-12 minutos**

- 200 g de **farinha de trigo com fermento**
- 1 colher (chá) de **bicarbonato de sódio**
- 125 g de **açúcar**
- 125 g de **manteiga** gelada cortada em cubos, mais um pouco para untar
- 1 **ovo**
- 1 colher (sopa) de **leite**
- 150 g de **chocolate branco** picado grosseiramente
- 75 g de **cereja glaceada** picada grosseiramente

Junte a farinha, o bicarbonato e o açúcar. Acrescente a manteiga e trabalhe com os dedos até obter uma farofa.

Bata o ovo e o leite em uma vasilha e acrescente o chocolate e a cereja. Incorpore à farinha e misture bem até obter uma massa uniforme.

Disponha porções de massa espaçadamente em uma assadeira untada, usando uma colher de sopa. Leve ao forno preaquecido a 180°C por 10-12 minutos, até dourar levemente. Deixe firmar por 2 minutos e transfira para uma grade para esfriar.

Variação: cookie com chocolate branco e avelã. Prepare e asse como indicado acima, mas substitua a cereja pela mesma quantidade de avelã sem pele tostada e picada grosseiramente.

cookie com gotas de chocolate

16 unidades
Preparo: **10 minutos**
Cozimento: **15 minutos**

125 g de **manteiga sem sal** amolecida
175 g de **açúcar demerara**
1 colher (chá) de **extrato de baunilha**
1 **ovo** levemente batido
1 colher (sopa) de **leite**
200 g de **farinha de trigo com fermento**
1 colher (chá) de **fermento em pó**
250 g de **gotas de chocolate meio amargo**

Bata a manteiga e o açúcar até obter um creme claro e leve. Incorpore a baunilha e, aos poucos, o ovo, mexendo bem após cada adição. Adicione o leite e misture bem.

Peneire a farinha e o fermento e acrescente ao creme. Junte as gotas de chocolate.

Distribua porções de massa em uma assadeira grande forrada com papel-manteiga, usando uma colher de sopa e deixando 3,5 cm de espaço entre elas. Achate levemente com um garfo.

Asse em forno preaquecido a 180°C por 15 minutos, ou até dourar levemente. Transfira para uma grade para esfriar.

Variação: tronco de chocolate e tangerina. Prepare os biscoitos de acordo com a receita acima e deixe esfriar completamente. Cozinhe em fogo baixo 300 g de gomos de tangerina em água suficiente para cobri-los com 1 colher (sopa) de açúcar (ou a gosto), até ficarem macios. Remova a pele com cuidado, deixe esfriar e pique (reserve alguns gomos inteiros, para decorar). Bata 300 ml de creme de leite fresco com 25 g de açúcar de confeiteiro peneirado, até firmar. Junte a tangerina e misture delicadamente. Una os biscoitos uns aos outros usando metade do creme. Envolva em papel-alumínio e refrigere por pelo menos 2-3 horas, ou de um dia para outro. Um pouco antes de servir, acomode em um prato e cubra com o restante do creme. Decore com os gomos inteiros de tangerina reservados e sirva em fatias cortadas na diagonal.

cookie com gotas de chocolate branco

Cerca de **20** unidades
Preparo: **20 minutos**
Cozimento: **15 minutos**

50 g de **manteiga sem sal** amolecida, mais um pouco para untar
125 g de **açúcar demerara**
1 **ovo** batido
150 g de **farinha de trigo com fermento**
150 g de **gotas de chocolate branco**

Misture a manteiga com o açúcar. Incorpore o ovo e bata até obter um creme leve. Adicione a farinha e o chocolate e mexa bem para formar uma pasta densa.

Molde bolinhas com 1 colher de chá cheia e distribua espaçadamente em duas assadeiras untadas.

Leve ao forno preaquecido a 180°C por cerca de 15 minutos, ou até que os cookies se espalhem e dourem levemente. Deixe firmar e transfira para uma grade para esfriar completamente.

Variação: sanduíche de chocolate. Prepare a massa como indicado acima, mas não use o chocolate branco e substitua 25 g de farinha de trigo por 25 g de cacau em pó. Molde bolinhas de 2,5 cm de diâmetro e asse de acordo com as instruções. Derreta 75 g de chocolate ao leite (p. 17), incorpore 5 g de manteiga e misture até ficar homogêneo. Monte os sanduíches com dois biscoitos recheados com o chocolate derretido.

cookie de creme de amendoim

18-20 unidades
Preparo: **15 minutos**
Cozimento: **18-20 minutos**

- 75 g de **creme de amendoim com pedaços**
- 100 g de **açúcar**
- 50 g de **manteiga sem sal** amolecida, mais um pouco para untar
- 1 **ovo** batido
- 100 g de **farinha de trigo com fermento**
- 40 g de **amendoim salgado** picado

Bata o creme de amendoim, o açúcar e a manteiga. Incorpore o ovo e a farinha e misture até obter uma pasta densa.

Molde bolinhas do tamanho de uma noz com 1 colher de chá cheia e distribua espaçadamente em uma assadeira untada. Achate com um garfo e espalhe o amendoim picado.

Leve ao forno preaquecido a 180°C por 18-20 minutos, até crescer e dourar bem. Transfira para uma grade para esfriar.

Variação: cookie de amendoim com geleia. Prepare a massa de acordo com as instruções acima, com mais 50 g (de cada) de farinha de trigo e amendoim picado. Molde um cilindro sobre uma superfície polvilhada com farinha e corte em vinte pedaços iguais. Enrole cada um e achate um pouco ao acomodar em uma assadeira untada. Faça um vinco com o dedo no centro de cada porção de massa e leve ao forno como indicado. Transfira para uma grade para esfriar e preencha a cavidade com meia colher (chá) de geleia de framboesa ou morango.

quadradinho de aveia, uva-passa e limão

12 unidades
Preparo: **10 minutos**
Cozimento: **20 minutos**

175 g de **manteiga sem sal**
50 g de **açúcar**
150 g de **melado claro**
raspas de 2 **limões-sicilianos**
250 g de **aveia em flocos grossos**
75 g de **uva-passa escura**

Derreta em fogo baixo a manteiga com o açúcar, o melado claro e as raspas de limão. Retire do fogo e incorpore a aveia e a uva-passa.

Unte e forre com papel-manteiga uma fôrma quadrada de 20 cm (p. 15). Despeje a mistura de aveia e nivele a superfície.

Asse em forno preaquecido a 180°C por cerca de 20 minutos, até começar a dourar. Deixe na fôrma por 10 minutos e transfira para uma grade para esfriar completamente. Desenforme, remova o papel-manteiga e corte em quadradinhos ou barrinhas.

Variação: quadradinho de aveia, nozes e frutas secas. Misture 65 g de aveia em flocos grossos, 200 g de oleaginosas variadas picadas (amêndoa, avelã, nozes), 50 g de amêndoa moída, 100 g de tâmara picada, 100 g de figo seco picado, 50 g de uva-passa clara ou escura e 3 colheres (sopa) de semente de girassol. Adicione 100 ml de mel ou calda de agave e misture até unir os ingredientes. Pressione na fôrma usando uma colher umedecida e asse como indicado acima. Depois que esfriar, corte em doze quadradinhos ou barrinhas.

delícia de geladeira

30 unidades
Preparo: **15 minutos**, mais o tempo para resfriar
Cozimento: **5 minutos**

500 g de **chocolate meio amargo** quebrado em pedaços
125 g de **manteiga sem sal**, mais um pouco para untar
100 g de **biscoito maisena** esmagado grosseiramente
100 g de **figo seco** picado grosseiramente
50 g de **cranberry seco**
50 g de **avelã** sem pele torrada
50 g de **amêndoa** sem pele torrada e picada grosseiramente
açúcar de confeiteiro peneirado, para polvilhar (opcional)

* Encontra-se em lojas de produtos árabes.

Derreta o chocolate em banho-maria e incorpore os demais ingredientes.

Unte e forre com papel-manteiga uma assadeira rasa de 23 cm x 18 cm. Estenda a massa até as laterais e nivele a superfície.

Cubra com papel-alumínio e refrigere por 4 horas, ou deixe de um dia para outro. Desenforme sobre uma tábua de cortar. Remova o papel-manteiga, corte em tiras finas e sirva polvilhado com açúcar de confeiteiro peneirado, se desejar.

Variação: delícia de chocolate branco, pistache e coco. Derreta 375 g de chocolate branco quebrado em pedaços (p. 17) e incorpore 200 g de goma árabe* (sabor de sua preferência) picada grosseiramente, 75 g de pistache e 25 g de coco ralado. Unte uma fôrma para bolo inglês com capacidade para 1 kg e forre-a com papel-manteiga (p. 15). Despeje a mistura de chocolate branco, nivele a superfície e refrigere por 4 horas. Desenforme, remova o papel-manteiga e corte em fatias.

crocante de marshmallow

14 unidades
Preparo: **10 minutos**, mais o tempo para firmar
Cozimento: **5 minutos**

200 g de **marshmallow** cortado ao meio
40 g de **manteiga sem sal** cortada em cubos, mais um pouco para untar
100 g de **biscoito de arroz** bem triturado com rolo de macarrão ou de **flocos de cereal crocantes à base de arroz e milho***
granulado ou **açúcar cristal cor-de-rosa****, para decorar

* Encontrado em supermercados grandes ou casas especializadas em produtos sem glúten.
** Encontrados em lojas especializadas em produtos para confeitaria. Caso não encontre, misture o açúcar ou o granulado com corante alimentício cor-de-rosa.

Reserve 50 g de marshmallow. Derreta em fogo baixo 25 g da manteiga e o marshmallow restante. Retire do fogo e incorpore o biscoito triturado, até cobrir bem com a mistura de marshmallow.

Unte e forre com papel-manteiga uma assadeira quadrada rasa de 18 cm e distribua a massa de maneira uniforme, usando as costas de uma colher untada com óleo.

Derreta em fogo baixo a manteiga e o marshmallow restante. Despeje em fio sobre a massa na assadeira e espalhe o granulado. Deixe esfriar por 2 horas, ou até firmar.

Desenforme sobre uma tábua de cortar, remova o papel-manteiga e corte em quadradinhos.

Variação: crocante de chocolate. Derreta em banho-maria 100 g de chocolate ao leite quebrado em pedaços com 1 colher (sopa) de melado claro. Triture 100 g de cereal matinal de flocos de milho em um saco plástico, usando um rolo. Incorpore ao chocolate e misture bem. Preencha catorze a dezesseis fôrmas pequenas de papel para cupcake e decore com chocolate granulado. Deixe firmar por pelo menos 1 hora antes de servir.

barrinha de tâmara e gergelim

16 unidades
Preparo: **15 minutos**
Cozimento: **25-30 minutos**

125 g de **manteiga sem sal** cortada em cubos, mais um pouco para untar
75 g de **açúcar**
1 colher (sopa) de **mel**
150 g de **tâmara** picada
50 g de **gergelim**
125 g de **farinha de trigo com fermento**
125 g de **farelo de aveia**

Derreta em fogo baixo a manteiga com o açúcar e o mel. Retire do fogo e incorpore a tâmara.

Reserve 2 colheres (sopa) de gergelim e misture o restante com a farinha e a aveia.

Unte uma assadeira rasa de 28 cm x 18 cm. Despeje a mistura e nivele a superfície. Salpique com o gergelim reservado. Asse em forno preaquecido a 180°C por 20-25 minutos, ou até firmar e dourar levemente. Deixe esfriar, desenforme sobre uma tábua e corte em barrinhas.

Variação: barrinha de coco e cranberry. Derreta 75 g de manteiga sem sal com 4 colheres (sopa) de melado claro. Retire do fogo e acrescente 125 g de farelo de aveia, 25 g de coco ralado, 75 g de cranberry ou mirtilo desidratado e 25 g de açúcar demerara. Unte e forre com papel-manteiga (p. 15) uma fôrma para bolo inglês com capacidade para 1 kg. Despeje a mistura e nivele a superfície. Asse em forno preaquecido a 190°C por 15 minutos, ou até adquirir um tom dourado escuro nas bordas. Deixe esfriar, desenforme sobre uma tábua e remova o papel-manteiga. Para servir, corte em barrinhas.

barrinha de aveia e mirtilo

12 unidades
Preparo: **20 minutos**
Cozimento: **50-60 minutos**

100 g de **farinha de trigo integral**
75 g de **farinha de trigo com fermento**
175 g de **manteiga sem sal** gelada cortada em cubos, mais um pouco para untar
½ colher (chá) de **canela em pó**
175 g de **aveia em flocos grossos**
150 g de **açúcar mascavo**
200 g de **mirtilo fresco**
açúcar baunilhado (p. 60), para polvilhar

Bata no processador (ou trabalhe com os dedos) as duas farinhas com a manteiga, até obter uma farofa. Adicione a canela, a aveia e o açúcar e processe ou misture até agregar.

Unte uma assadeira rasa de 28 cm x 18 cm e distribua metade da massa em uma camada uniforme. Pressione com as costas de uma colher para formar uma base compacta. Espalhe o mirtilo e o restante da massa, mas sem pressionar.

Asse em forno preaquecido a 180°C por 50-60 minutos, até dourar bem. Deixe esfriar na assadeira, polvilhe com o açúcar baunilhado e corte em barrinhas.

Variação: biscoito de aveia e semente de girassol. Combine 125 g de farinha de trigo com fermento, 125 g de aveia em flocos, 50 g de semente de girassol e meia colher (chá) de bicarbonato. Derreta 125 g de manteiga sem sal com 125 g de açúcar demerara e 2 colheres (sopa) de melado claro. Adicione aos ingredientes secos e bata bem. Enrole porções de 1 colher (chá) da massa e acomode, espaçadamente, em assadeiras untadas. Leve ao forno preaquecido a 180°C por cerca de 18 minutos, até crescer e dourar. Deixe na assadeira por 5 minutos e transfira para uma grade para esfriar.

delícia de fubá com avelã

8 fatias
Preparo: **10 minutos**
Cozimento: **35 minutos**

150 g de **avelã** sem pele
150 g de **fubá**
125 g de **açúcar**
100 g de **manteiga sem sal** amolecida, mais um pouco para untar
50 g de **açúcar de confeiteiro** peneirado

Pique a avelã no processador. Reserve 3 colheres (sopa) e processe o restante até adquirir a consistência de amêndoa moída. Adicione o fubá, o açúcar e a manteiga e bata até formar uma pasta.

Unte e forre com papel-manteiga uma fôrma redonda de 18 cm (p. 13). Despeje a pasta e espalhe com os dedos, pressionando para fazer uma base uniforme. Distribua a avelã reservada.

Asse em forno preaquecido a 190°C por 35 minutos, até o bolo crescer e dourar levemente, mas ainda estar macio. Deixe esfriar na fôrma.

Bata o açúcar de confeiteiro peneirado com água suficiente para formar uma calda que caia em fio. Regue o bolo e sirva cortado em fatias.

Variação: delícia de fubá com pêssego. Prepare o bolo como acima e deixe esfriar. Bata 150 ml de creme de leite fresco, 2 colheres (sopa) de açúcar de confeiteiro peneirado e 1 colher (chá) de extrato de baunilha até começar a firmar. Descasque 2 pêssegos maduros e corte em fatias. Incorpore metade ao creme e espalhe a mistura sobre o bolo. Decore com as demais fatias e com groselha fresca. Polvilhe com açúcar de confeiteiro antes de servir.

barrinha de chocolate, avelã e pistache

10 unidades
Preparo: **20 minutos**,
mais o tempo para gelar
Cozimento: **5 minutos**

- 50 g de **manteiga**, mais um pouco para untar
- 400 g de **leite condensado light**
- 200 g de **chocolate meio amargo** quebrado em pedaços
- 125 g de **biscoito maisena** ou **biscoito amanteigado** (p. 86) triturado com rolo de macarrão
- 50 g de **avelã** torrada sem pele e picada grosseiramente
- 100 g de **pistache** picado grosseiramente

Derreta em fogo baixo, por 3-4 minutos e mexendo sem parar, a manteiga, o leite condensado e o chocolate. Retire do fogo.

Incorpore o biscoito triturado à mistura de chocolate. Unte uma fôrma redonda de aro removível com 20 cm e distribua metade da massa. Nivele a superfície.

Reserve 2 colheres (sopa) de avelã e pistache. Distribua o restante sobre a massa e cubra com a outra metade da mistura de chocolate. Nivele a superfície novamente e espalhe a avelã e o pistache reservados.

Leve à geladeira por 3-4 horas, até firmar. Solte as laterais e remova o aro e a base da fôrma. Corte em barrinhas ou cubinhos.

Variação: barrinha de chocolate, damasco e gengibre. Prepare como indicado acima, mas substitua o biscoito maisena por biscoito integral triturado misturado com uma pitada de gengibre em pó e substitua a avelã e o pistache por 50 g de damasco seco picado misturado com 2 colheres (sopa) de compota de gengibre (p. 68), reservando 2-3 colheres (sopa) para espalhar sobre a base de chocolate e biscoito.

folhadinho de pecã caramelizada

24 unidades
Preparo: **15 minutos**, mais o tempo para esfriar
Cozimento: **25 minutos**

1 colher (chá) de **clara**
50 g de **pecã**
1 colher (sopa) de **açúcar baunilhado** (p. 60)
5 colheres (sopa) de **açúcar**
375 g de **massa folhada pronta**
farinha de trigo com fermento, para polvilhar

Bata levemente a clara. Acrescente a pecã e o açúcar baunilhado, mexendo para cobri-la bem com a mistura. Coloque em uma assadeira forrada com papel-manteiga e leve ao forno preaquecido a 160°C por cerca de 5 minutos, até começar a dourar. Deixe esfriar e pique bem. Aumente a temperatura do forno para 220°C.

Espalhe 1 colher (sopa) de açúcar sobre uma superfície de trabalho. Abra a massa folhada até formar um retângulo de 25 cm x 15 cm. Distribua 1 colher (sopa) de açúcar sobre a massa e pressione delicadamente com um rolo de macarrão. Divida-a ao meio e disponha uma metade sobre a outra. Passe o rolo e espalhe 1 colher (sopa) de açúcar e as pecãs tostadas. Polvilhe com farinha a superfície de trabalho se a massa estiver pegajosa e abra novamente em um quadrado de 24 cm. Espalhe 1 colher (sopa) de açúcar e passe o rolo outra vez.

Apare as bordas, divida ao meio e corte cada metade em tiras de 2 cm de largura. Torça cada uma diversas vezes e acomode espaçadamente em uma assadeira forrada com papel-manteiga. Salpique cada tira com o açúcar restante. Leve ao forno por cerca de 20 minutos, até inflar e dourar. Transfira para uma grade para esfriar. Sirva com creme de mascarpone e baunilha, se desejar (veja receita abaixo).

Acompanhamento: creme de mascarpone e baunilha. Bata 200 g de mascarpone até amolecer. Incorpore 1 colher (chá) de extrato de baunilha, 2 colheres (sopa) de açúcar e 4 colheres (sopa) de creme de leite light. Cubra e refrigere até a hora de servir.

Prestige

bolos para presentear

torta de figo

12 pedaços
Preparo: **25 minutos**
Cozimento: **1 hora**

225 g de **massa folhada pronta**
175 g de **manteiga sem sal** amolecida, mais um pouco para untar
175 g de **açúcar**
200 g de **farinha de trigo com fermento**
½ colher (chá) de **fermento em pó**
3 **ovos**
6 **figos** cortados em quartos

Para decorar
100 g de **açúcar de confeiteiro** peneirado
1 colher (sopa) de **suco de limão-siciliano**

Unte uma fôrma quadrada de 23 cm. Abra a massa folhada em uma superfície levemente polvilhada com farinha e acomode na fôrma. Forre a base de massa com papel-manteiga e espalhe feijões. Asse em forno preaquecido a 200°C por 15 minutos. Retire do forno e remova os feijões e o papel. Reduza a temperatura do forno para 180°C.

Bata a manteiga, o açúcar, a farinha, o fermento e os ovos até obter um creme claro. Preencha a base de massa e nivele a superfície. Disponha o figo sobre o creme e leve ao forno por cerca de 45 minutos, até crescer e dourar. Deixe esfriar na fôrma.

Bata o açúcar de confeiteiro e o suco de limão até obter uma calda que caia em fio. Se necessário, adicione um pouco mais de suco ou de água. Despeje em fio sobre a torta e corte em quadradinhos ou barrinhas.

Variação: torta de pera e cardamomo. Asse a base da torta de acordo com as instruções acima. Triture 15 bagas de cardamomo com um pilão ou com o cabo de um rolo de macarrão para abri-las. Descarte as cascas e esmague as sementes um pouco mais. Prepare o creme do recheio como acima, mas substitua a farinha de trigo por 200 g de farinha integral com 2 colheres (chá) de fermento em pó e misture o cardamomo. Em vez do figo, finalize a torta com fatias grossas de 4 peras.

bolo de gengibre com cobertura de geleia

12 pedaços
Preparo: **20 minutos**
Cozimento: **40 minutos**

225 g de **farinha de trigo com fermento**
1 colher (chá) de **bicarbonato de sódio**
2 colheres (chá) de **gengibre em pó**
75 g de **manteiga sem sal**, mais um pouco para untar
125 g de **açúcar demerara**
75 g de **melado claro**
75 g de **melado escuro**
125 ml de leitelho (p. 34)
1 **ovo** batido
75 g de **uva-passa clara**

Para a cobertura
3 colheres (sopa) de **geleia de gengibre**
1 colher (chá) de **água**

Combine a farinha, o bicarbonato e o gengibre em uma vasilha. Derreta em fogo baixo, sem deixar ferver, a manteiga, o açúcar e os dois tipos de melado. Retire do fogo e misture o leitelho. Acrescente o ovo e bata. Despeje nos ingredientes secos, adicione a uva-passa e mexa bem.

Unte e forre com papel-manteiga (p. 15) uma fôrma quadrada de 20 cm. Distribua a massa. Asse em forno preaquecido a 160°C por cerca de 30 minutos, até crescer e firmar (ou faça o teste do palito: se sair limpo, está pronto).

Deixe esfriar na fôrma (o centro pode murchar um pouco), transfira para uma grade e remova o papel-manteiga.

Prepare a cobertura. Aqueça a geleia e a água em uma panela pequena. Passe por uma peneira e espalhe sobre o bolo. Para servir, corte em barrinhas.

Variação: bolo de gengibre com cobertura cremosa. Prepare o bolo de acordo com a receita acima. Para a cobertura, rale fino um pedaço de gengibre fresco. Misture 75 g de manteiga sem sal amolecida e 125 g de açúcar de confeiteiro peneirado. Adicione 2 colheres (chá) de água fervente e bata até obter um creme claro. Espalhe sobre o bolo já frio e corte em quadrados.

torta de mirtilo com amêndoa

18 pedaços
Preparo: **20 minutos**
Cozimento: **1 hora**

- 350 g de **massa pronta para torta doce**
- 6 colheres (sopa) de **geleia de mirtilo** (veja receita abaixo)
- 125 g de **manteiga sem sal** amolecida, mais um pouco para untar
- 125 g de **açúcar**
- 2 **ovos**
- 125 g de **farinha de trigo com fermento**
- ½ colher (chá) de **fermento em pó**
- 1 colher (chá) de **extrato de amêndoa**
- 100 g de **amêndoa** moída
- 4 colheres (sopa) de **amêndoa laminada**
- 75 g de **açúcar de confeiteiro** peneirado

* Coloque 1 colher (chá) de geleia em um pires gelado. Espere esfriar e empurre com o dedo. Se o rastro estiver limpo e a geleia enrugar, está no ponto. Se não, recoloque a panela no fogo e apure mais um pouco.

Prepare a massa de acordo com as instruções da embalagem e abra sobre uma superfície polvilhada com farinha no tamanho adequado para forrar uma fôrma previamente untada de 28 cm x 18 cm. Forre a base de massa com papel-manteiga e espalhe feijões. Leve ao forno preaquecido a 200°C por 15 minutos. Retire, remova os feijões e o papel e asse por mais 5 minutos. Reduza a temperatura para 180°C.

Cubra a base de massa com a geleia. Bata a manteiga, o açúcar, os ovos, a farinha, o fermento e o extrato de amêndoa até obter um creme leve. Incorpore a amêndoa moída e distribua sobre a geleia em uma camada uniforme.

Espalhe a amêndoa laminada sobre o creme e asse por cerca de 40 minutos, até crescer e firmar. Deixe esfriar na fôrma.

Bata o açúcar de confeiteiro com água suficiente para formar uma mistura pouco consistente e fácil de espalhar. Cubra a superfície do bolo, deixe firmar e corte em quadradinhos ou barrinhas.

Para fazer a geleia de mirtilo. Cozinhe em fogo baixo, por 8-10 minutos ou até ficar macio, 500 g de mirtilo fresco com 4 colheres (sopa) de suco de limão-siciliano e 2 colheres (sopa) de água. Incorpore 450 g de açúcar cristal e aqueça, sempre em fogo baixo, até dissolver. Deixe ferver por 10-15 minutos, até atingir o ponto de geleia (105°C)*. Transfira para vidros esterilizados, feche e coloque uma etiqueta com a data do preparo (conserva-se em geladeira por até 15 dias).

torta crumble de cereja

16 pedaços
Preparo: **25 minutos**,
mais o tempo para esfriar
Cozimento: **1h05**

850 g de **cereja fresca** descaroçada **em calda**
2 colheres (chá) de **maisena**
250 g de **farinha de trigo com fermento**
1 colher (chá) de **mix de especiarias em pó** (p. 28)
175 g de **manteiga sem sal** gelada cortada em cubos, mais um pouco para untar
175 g de **açúcar**
50 g de **amêndoa** moída
1 **ovo**

Reserve 7 colheres (sopa) da calda da cereja. Misture um pouco do líquido com a maisena em uma panela pequena, até homogeneizar. Adicione o restante e deixe ferver, mexendo sempre. Junte a cereja e cozinhe por cerca de 1 minuto, ou até espessar um pouco. Deixe esfriar.

Bata a farinha, as especiarias e a manteiga em um processador até obter uma farofa (ou trabalhe com os dedos). Reserve 200 g e adicione o ovo à outra parte. Misture bem para formar uma massa macia.

Unte uma fôrma quadrada de 22-23 cm e acomode a massa, subindo um pouco nas laterais. Espalhe a cereja deixando uma borda de massa de 1,5 cm e cubra com a farofa reservada.

Asse em forno preaquecido a 180°C por cerca de 1 hora, até a cobertura dourar. Deixe esfriar na fôrma e corte em quadradinhos.

Variação: torta crumble de damasco. Cozinhe em fogo baixo, por 5 minutos depois que ferver, 225 g de damasco seco picado em 150 ml de suco de maçã ou de laranja com uma colher (chá) e meia de gengibre em pó. Incorpore uma colher (chá) e meia de maisena misturada com 2 colheres (sopa) de água e mantenha no fogo por mais 2 minutos, mexendo sem parar, até engrossar um pouco. Deixe esfriar. Prepare o bolo como indicado acima, mas sem o mix de especiarias, e use o doce de damasco em vez do de cereja.

torta de figo e banana

6 pedaços
Preparo: **10 minutos**
Cozimento: **20 minutos**

- 125 g de **manteiga sem sal** amolecida, mais um pouco para untar
- 125 g de **açúcar mascavo**
- 1 colher (chá) de **gengibre em pó**
- 2 **ovos**
- 125 g de **farinha de trigo com fermento**
- 3 **figos** cortados em quartos
- 1 **banana** grande cortada em rodelas grossas
- 2 colheres (sopa) de **maple syrup**

Bata a manteiga e o açúcar até obter um creme homogêneo. Adicione o gengibre, os ovos e a farinha e misture bem.

Unte uma fôrma ou um refratário quadrado de 23 cm. Despeje a massa e nivele a superfície. Distribua os figos e a banana e regue com o maple syrup. Afunde um pouco as frutas em alguns pontos da massa.

Asse em forno preaquecido a 180°C por 20 minutos, até crescer e dourar e as frutas ficarem macias. Corte em quadrados e sirva com sorvete de creme ou creme de baunilha (veja receita abaixo).

Acompanhamento: creme de baunilha. Ferva 300 ml de leite com as sementes de meia fava de baunilha em uma panela. Enquanto isso, bata 2 gemas com 1 colher (chá) de maisena e 2 colheres (sopa) de açúcar em um refratário. Despeje o leite aromatizado no creme de gemas e misture bem para homogeneizar. Recoloque o líquido na panela e aqueça novamente, mexendo sem parar, até engrossar e quase ferver (o creme estará no ponto se aderir às costas de uma colher).

bolo de abacaxi e uva-passa

14 pedaços
Preparo: **15 minutos**, mais o tempo para descansar
Cozimento: **45-50 minutos**

- 250 g de **manteiga sem sal**, mais um pouco para untar
- 150 g de **melado claro**
- 75 g de **açúcar**
- 100 g de **abacaxi desidratado** picado
- 150 g de **uva-passa clara**
- 2 colheres (chá) de **mix de especiarias em pó** (p. 28)
- ½ colher (chá) de **bicarbonato de sódio**
- 150 g de **farinha de trigo com fermento**
- 125 g de **farinha de trigo**
- 2 **ovos** batidos
- 175 ml de **sour cream** (p. 40)

Para a cobertura

- 250 g de **mascarpone**
- 50 g de **manteiga sem sal** amolecida
- 75 g de **açúcar de confeiteiro** peneirado
- 2 colheres (chá) de **suco de limão-siciliano**

Derreta em fogo baixo a manteiga, o melado e o açúcar. Retire do fogo e incorpore o abacaxi, a uva-passa e as especiarias. Reserve por 10 minutos e adicione o bicarbonato de sódio.

Combine as farinhas em uma vasilha grande. Em outro recipiente, bata os ovos com o sour cream. Junte ao doce de abacaxi e misture bem. Acrescente aos ingredientes secos e mexa para homogeneizar.

Unte uma assadeira rasa ou um refratário (p. 15) de 28 cm x 24 cm e distribua a massa até os cantos. Asse em forno preaquecido a 180°C por 40-45 minutos, até firmar (ou faça o teste do palito: se sair limpo, está pronto). Deixe esfriar e desenforme sobre uma grade. Remova o papel-manteiga.

Prepare a cobertura. Bata o mascarpone e a manteiga até obter um creme. Incorpore o açúcar de confeiteiro e o suco de limão. Cubra a superfície do bolo, corte em quadradinhos e sirva.

Variação: bolo de chocolate de tabuleiro. Prepare o bolo de acordo com a receita acima, mas substitua 50 g da farinha de trigo por 50 g de cacau em pó e não use abacaxi, uva-passa nem especiarias. Para a cobertura de chocolate, bata 75 g de manteiga sem sal amolecida e 125 g de açúcar de confeiteiro peneirado até obter um creme. Incorpore 75 g de chocolate meio amargo derretido (p. 17) e espalhe sobre o bolo. Decore com chocolate granulado e corte em quadradinhos.

quadradinho de cereja e amêndoa

12 pedaços
Preparo: **20 minutos**
Cozimento: **25-30 minutos**

100 g de **manteiga sem sal** gelada cortada em cubos, mais um pouco para untar
225 g de **farinha de trigo com fermento**
1 colher (chá) de **fermento em pó**
100 g **açúcar**
1 **ovo** batido
125 ml de **leite**
1 colher (chá) de **extrato de amêndoa**
200 g de **cereja glaceada** cortada ao meio
50 g de **amêndoa laminada**
açúcar de confeiteiro peneirado, para polvilhar

Bata no processador a manteiga com a farinha e o fermento (ou trabalhe com os dedos) até obter uma farofa. Adicione o açúcar e processe (ou misture). Transfira para uma vasilha.

Bata o ovo com o leite e o extrato de amêndoa em uma jarra. Adicione à farofa com metade da cereja e misture bem.

Unte e forre com papel-manteiga (p. 15) uma fôrma ou refratário quadrado de 23 cm. Despeje a massa, distribua a cereja restante e espalhe a amêndoa laminada.

Asse em forno preaquecido a 180°C por 25-30 minutos, até firmar e dourar. Deixe esfriar na fôrma, transfira para uma tábua de cortar e remova o papel--manteiga. Polvilhe com açúcar de confeiteiro e corte em quadradinhos.

Variação: quadradinho com recheio de creme e groselha. Siga a receita acima para preparar a massa, mas substitua o extrato de amêndoa por 1 colher (chá) de extrato de baunilha e não use a cereja glaceada. Depois de frio, corte em doze pedaços e cada um ao meio no sentido horizontal. Retire o talo de 150 g de groselha fresca (passe entre os dentes de um garfo). Bata 150 ml de creme de leite fresco e 1 colher (sopa) de açúcar de confeiteiro peneirado até obter picos firmes. Recheie as metades dos pedaços de bolo com uma porção de creme e algumas groselhas. Sirva polvilhado com açúcar de confeiteiro.

bolo com frutas vermelhas

16 pedaços
Preparo: **20 minutos**
Cozimento: **40-45 minutos**

250 g de **manteiga sem sal** amolecida, mais um pouco para untar
225 g de **açúcar**, mais um pouco para polvilhar
3 **ovos**
2 colheres (chá) de **extrato de baunilha**
225 g de **farinha de trigo com fermento**
150 g de **amêndoa** moída
3 colheres (sopa) de **leite**
400 g de **frutas vermelhas variadas**, como morango, framboesa e groselha, cortadas ao meio ou em quartos (se forem grandes)

Bata a manteiga, o açúcar, os ovos, a baunilha e a farinha até obter um creme claro. Incorpore a amêndoa, o leite e metade das frutas vermelhas.

Unte e forre com papel-manteiga uma fôrma ou um refratário de 28 cm x 24 cm. Despeje a massa e nivele a superfície. Distribua o restante das frutas.

Asse em forno preaquecido a 180°C por 40-45 minutos, até firmar (ou faça o teste do palito: se sair limpo, está pronto). Deixe esfriar na fôrma, transfira para uma tábua de cortar e remova o papel. Polvilhe com açúcar e corte em quadradinhos.

Variação: bolo com groselha e calda de flor de sabugueiro. Remova o talo e corte ao meio 350 g de groselha-espinhosa ou de uva verde sem semente. Misture com 2 colheres (sopa) de açúcar e use para substituir as frutas vermelhas da receita acima. Prepare o bolo como indicado, mas troque o leite por 3 colheres (sopa) de xarope de flor de sabugueiro (p. 200). Regue o bolo depois de frio e corte em quadradinhos.

quadradinho de maçã

16 pedaços
Preparo: **20 minutos**
Cozimento: **40-45 minutos**

250 g de **manteiga sem sal** amolecida, mais um pouco para untar
250 g de **açúcar**, mais um pouco para polvilhar
2 colheres (chá) de **mix de especiarias em pó** (p. 28)
4 **ovos**
300 g de **farinha de trigo com fermento**
1 colher (chá) de **fermento em pó**
4 **maçãs gala**

Bata a manteiga, o açúcar, as especiarias, os ovos, metade da farinha e o fermento até obter um creme claro. Descasque e rale uma maçã e incorpore à massa. Repita com outras duas maçãs, misturando bem após cada adição. Junte o restante da farinha.

Unte e forre com papel-manteiga (p. 15) uma assadeira rasa de 32 cm x 22 cm. Despeje a massa. Descasque e rale a quarta maçã e distribua na superfície.

Asse em forno preaquecido a 180°C por 40-45 minutos, até firmar e dourar (ou faça o teste do palito: se sair limpo, está pronto). Polvilhe com açúcar e deixe esfriar. Desenforme, remova o papel-manteiga e corte em quadradinhos. Sirva mornos ou frios, acompanhados da calda de amora preta (veja receita abaixo).

Acompanhamento: calda de amora-preta. Aqueça em fogo baixo, por cerca de 5 minutos, 250 g de amora-preta fresca, 100 g de geleia de amora e 1 colher (sopa) de suco de limão-siciliano, até a fruta amolecer. Passe por uma peneira, pressionando a polpa para extrair o máximo possível de líquido. Sirva a calda morna ou fria com o quadradinho de maçã e algumas amoras-pretas frescas inteiras para decorar.

torta folhada de ameixa e marzipã

8 pedaços
Preparo: **15 minutos**
Cozimento: **25 minutos**

500 g de **massa folhada pronta**
farinha de trigo com fermento, para polvilhar
manteiga, para untar
250 g de **marzipã**
açúcar de confeiteiro, para polvilhar
800 g de **ameixa** cortada ao meio
ovo batido, para pincelar

Para a cobertura
3 colheres (sopa) de **geleia de damasco** sem pedaços ou passada por peneira
1 colher (chá) de **água de rosas**
2 colheres (chá) de **água**

Abra a massa folhada em uma superfície levemente polvilhada com farinha em um retângulo de 35 cm x 20 cm. Unte uma assadeira com aproximadamente o mesmo tamanho e acomode a massa. Com a ponta de uma faca, faça uma moldura a 1,5 cm da borda. Abra o marzipã em uma superfície levemente polvilhada com açúcar de confeiteiro em um retângulo de 30 cm x 15 cm e coloque dentro da moldura. Distribua a ameixa sobre o marzipã e pincele a borda com o ovo.

Asse em forno preaquecido a 200°C por cerca de 25 minutos, até a massa crescer e dourar e a ameixa ficar macia.

Prepare a cobertura. Aqueça a geleia, a água de rosas e a água. Misture bem e pincele a fruta. Sirva a torta morna ou fria.

Variação: torta folhada de morango. Bata 4 gemas, 50 g de açúcar, 1 colher (chá) de extrato de baunilha e 15 g de farinha de trigo em uma vasilha refratária, até formar uma pasta. Aqueça até quase ferver 150 ml de leite e 150 ml de creme de leite fresco. Incorpore à pasta e bata bem. Recoloque na panela e cozinhe em fogo baixo, mexendo sem parar, por cerca de 5 minutos, até engrossar. Deixe esfriar. Abra a massa folhada em um retângulo de 30 cm x 18 cm e faça uma moldura como indicado acima. Asse por 20 minutos ou até crescer e dourar bem. Deixe esfriar e remova a massa do interior da moldura. Espalhe o creme e distribua 400 g de morango cortado ao meio. Aqueça 4 colheres (sopa) de geleia de morango e 1 colher (sopa) de água. Passe por uma peneira e regue o morango.

brownie

15 pedaços
Preparo: **20 minutos**
Cozimento: **35 minutos**

400 g de **chocolate meio amargo**
175 g de **manteiga sem sal**, mais um pouco para untar
3 **ovos**
225 g de **açúcar demerara**
100 g de **farinha de trigo com fermento**

Pique 150 g do chocolate em pedaços de 5 mm. Quebre o restante em pedaços e derreta em banho-maria (p. 17) com a manteiga. Bata os ovos e o açúcar até obter um creme leve e espumoso. Incorpore o chocolate derretido, a farinha e o chocolate picado, um ingrediente por vez. Agregue bem.

Unte e forre com papel-manteiga (p. 15) uma assadeira ou refratário de 28 cm x 18 cm. Despeje a massa e nivele a superfície. Asse em forno preaquecido a 190°C por cerca de 30 minutos, até formar uma crosta na superfície, mas o bolo permanecer macio por dentro. Deixe esfriar na fôrma e transfira para uma tábua. Corte em quadradinhos e remova o papel-manteiga antes de servir.

Variação: brownie de chocolate com ameixa. Corte 200 g de ameixa-preta sem caroço e regue com 3 colheres (sopa) de rum claro ou escuro. Reserve por várias horas, até a fruta absorver o líquido. Prepare o brownie de acordo com a receita acima, mas não use o chocolate picado e acrescente meia colher (chá) de mix de especiarias em pó (p. 28). Incorpore a ameixa embebida no rum e asse como indicado. Sirva morno, cortado em quadradinhos, com sorvete de creme.

bocadinho de chocolate branco e avelã

15 pedaços
Preparo: **20 minutos**
Cozimento: **40 minutos**

400 g de **chocolate branco** picado
75 g de **manteiga sem sal**, mais um pouco para untar
3 **ovos**
175 g de **açúcar demerara**
150 g de **farinha de trigo com fermento**
150 g de **avelã** ou **castanha-do-pará** picada

Derreta 100 g do chocolate branco com a manteiga em banho-maria e misture bem.

Bata os ovos e o açúcar até obter um creme leve e espumoso. Incorpore o chocolate derretido, a farinha e o restante do chocolate picado, um ingrediente por vez. Mexa bem.

Unte e forre com papel-manteiga (p. 15) uma assadeira ou refratário de 28 cm x 18 cm. Despeje a massa e nivele a superfície. Asse em forno preaquecido a 190°C por cerca de 35 minutos, até firmar e dourar bem. Deixe esfriar na fôrma e transfira para uma tábua. Corte em quadradinhos e remova o papel-manteiga antes de servir.

Variação: brownie de café com cobertura de chocolate branco. Dissolva 4 colheres (chá) de café instantâneo granulado ou em pó em 2 colheres (sopa) de água fervente. Prepare a massa como indicado acima, mas substitua os 300 g de chocolate branco picado pelo café dissolvido e a avelã por 200 g de amêndoa sem pele. Para a cobertura, coloque 100 g de chocolate branco em um recipiente refratário e despeje 150 ml de creme de leite fresco aquecido até quase ferver. Mexa até derreter e refrigere por 1 hora. Retire da geladeira e bata o creme até obter picos firmes. Espalhe sobre o bolo e decore com raspas de chocolate meio amargo. Sirva cortado em quadradinhos.

brownie floresta negra

12 pedaços
Preparo: **25 minutos**
Cozimento: **25-30 minutos**

150 g de **chocolate meio amargo** picado
125 g de **manteiga sem sal**, mais um pouco para untar
2 **ovos**
175 g de **açúcar mascavo**
1 colher (chá) de **extrato de baunilha**
50 g de **farinha de trigo com fermento**
200 g de **cereja** sem caroço cortada ao meio, mais algumas inteiras e com cabo para decorar

Para a cobertura
150 ml de **creme de leite fresco**
raspas de chocolate

Derreta 50 g de chocolate com a manteiga em banho--maria e misture bem.

Bata os ovos, o açúcar e a baunilha até obter um creme leve e espumoso. Incorpore o chocolate derretido. Acrescente a farinha, a cereja e o restante do chocolate e mexa bem.

Unte e forre com papel-manteiga (p. 15) uma fôrma quadrada de 18 cm. Despeje a massa e nivele a superfície. Asse em forno preaquecido a 180°C por 20-25 minutos, até firmar. Deixe esfriar na fôrma, transfira para uma tábua de cortar e remova o papel-manteiga.

Prepare a cobertura. Bata o creme de leite até firmar e espalhe sobre o bolo. Decore com raspas de chocolate e uma cereja inteira e corte em quadradinhos. Sirva com a calda de chocolate (veja receita abaixo).

Acompanhamento: calda de chocolate. Dissolva 125 g de açúcar em 75 ml de água em uma panela pequena e ferva por 3 minutos. Retire do fogo e deixe esfriar por 5 minutos. Adicione 150 g de chocolate meio amargo picado e 25 g de manteiga sem sal cortada em cubos e mexa até derreter e ficar homogêneo. Se restarem pedaços de chocolate, reaqueça em fogo baixo.

brownie de uva-passa ao rum

20 pedaços
Preparo: **30 minutos**, mais o tempo para demolhar
Cozimento: **30-35 minutos**

- 3 colheres (sopa) de **rum claro** ou **escuro**
- 100 g de **uva-passa escura**
- 250 g de **chocolate meio amargo** quebrado em pedaços
- 250 g de **manteiga**, mais um pouco para untar
- 4 **ovos**
- 200 g de **açúcar**
- 75 g de **farinha de trigo com fermento**
- 1 colher (chá) de **fermento em pó**
- 100 g de **chocolate branco** ou **ao leite** quebrado em pedaços

Aqueça o rum em fogo baixo em uma panela pequena. Adicione a uva-passa escura e deixe de molho por pelo menos 2 horas, ou de um dia para o outro.

Derreta o chocolate meio amargo com a manteiga em fogo baixo, tomando cuidado para não queimar.

Bata os ovos e o açúcar em uma tigela com um mixer até obter um creme espesso que deixe um rastro ao cair na tigela. Peneire sobre ele a farinha e o fermento e mexa bem.

Unte e forre com papel-manteiga (p. 15) uma fôrma rasa ou um refratário de 28 cm x 18 cm. Despeje a massa e espalhe até os cantos. Distribua a uva-passa na superfície e asse em forno preaquecido a 180°C por 25-30 minutos, até crescer e formar uma crosta sobre a massa ainda um pouco macia.

Deixe esfriar na fôrma, transfira para uma tábua de cortar e remova o papel-manteiga. Derreta o chocolate branco ou ao leite em banho-maria e deixe cair em fio sobre o brownie. Espere firmar e corte em quadradinhos.

Variação: brownie com três chocolates. Prepare a massa de acordo com as instruções acima, sem a uva--passa embebida em rum. Despeje na fôrma e distribua 100 g de chocolate ao leite e 100 g de chocolate branco picados na superfície. Asse e corte como indicado, sem a cobertura.

minidelícias

merengue com framboesa

Cerca de **12** unidades
Preparo: **15 minutos**
Cozimento: **1h15**

40 g de **framboesa fresca**, mais algumas para decorar (opcional)
2 colheres (sopa) de **geleia de framboesa**
4 **claras**
200 g de **açúcar**

Amasse a framboesa até desmanchar e desprender o suco. Adicione a geleia e misture até formar um purê. Passe por uma peneira, pressionando com as costas de uma colher, para extrair o máximo possível de líquido.

Bata as claras até obter picos firmes. Junte 1 colher (sopa) cheia de açúcar e bata por mais 15 segundos. Acrescente o restante, uma colher por vez, até o preparado ficar espesso e brilhante.

Incorpore as claras em neve à framboesa com uma espátula ou uma colher de metal grande, de maneira que o purê fique entremeado e visível em meio ao merengue.

Distribua montinhos da mistura do tamanho de um limão-taiti sobre uma assadeira grande forrada com papel-manteiga e, usando uma colher de chá, faça uma espiral no topo de cada um. Leve ao forno preaquecido a 120°C por cerca de 1h15, ou até ficarem crocantes e desprenderem-se facilmente do papel-manteiga. Deixe esfriar na fôrma e sirva com framboesas frescas inteiras, se desejar.

Variação: merengue com gengibre. Misture 5 colheres (sopa) de melado escuro com 2 colheres (chá) de gengibre em pó, 1 colher (chá) de mix de especiarias em pó (p. 28) e 1 colher (chá) de água fervente. Prepare o merengue como indicado, mas substitua 50 g do açúcar por 50 g de açúcar mascavo. Junte ao merengue a mistura de melado em vez do purê de framboesa de acordo com as instruções acima e asse da mesma maneira.

merengue dourado

Cerca de **15** unidades
Preparo: **25 minutos**
Cozimento: **1 hora**

100 g de **açúcar demerara**
75 g de **açúcar**
3 **claras**
200 g de **creme de leite fresco** batido

Combine os dois tipos de açúcar em um recipiente. Bata as claras até obter picos firmes. Junte 1 colher (sopa) cheia da mistura de açúcar e bata por mais 15 segundos. Acrescente o restante, uma colher por vez, até o preparado ficar espesso e brilhante.

Forre duas assadeiras com papel-manteiga. Usando uma colher de sobremesa, distribua cerca de 30 porções de merengue e faça uma espiral no topo de cada uma (ou coloque a massa em um saco de confeitar e molde sobre as assadeiras).

Leve ao forno preaquecido a 120°C por cerca de 1 hora, ou até ficarem crocantes e desprenderem-se facilmente do papel-manteiga. Deixe esfriar na fôrma e una, de dois em dois, com o creme de leite fresco batido.

Variação: merengue de castanha-portuguesa. Prepare o merengue de acordo com as instruções acima e distribua porções do tamanho de uma maçã pequena na assadeira forrada com papel-manteiga. Achate o topo com uma espátula e faça uma cavidade no centro usando as costas de uma colher de chá. Leve ao forno como indicado. Bata 200 ml de creme de leite fresco até firmar e preencha a cavidade dos merengues já frios. Bata 150 g de purê de castanha-portuguesa com o suco de ½ limão-siciliano e distribua pequenas porções sobre o creme de leite batido. Decore com raspas de chocolate meio amargo.

pãozinho doce

10 unidades
Preparo: **25 minutos**, mais o tempo para crescer
Cozimento: **12-15 minutos**

500 g de **farinha de trigo com fermento**
50 g de **açúcar**
1 colher (sopa) de **fermento biológico seco**
300 ml de **leite** morno, mais um pouco se necessário
25 g de **manteiga sem sal** derretida
2 colheres (chá) de **extrato de baunilha**
óleo vegetal, para untar

Para a cobertura
300 g de **açúcar de confeiteiro** peneirado
corante alimentício cor-de-rosa

Misture a farinha, o açúcar e o fermento em uma vasilha. Adicione o leite, a manteiga e a baunilha para formar a massa (se parecer seca demais, acrescente um pouco mais de leite ou água). Sove por 10 minutos sobre uma superfície polvilhada com farinha até ficar macia e elástica. Unte um recipiente com óleo e acomode a massa. Cubra com filme de PVC e deixe em um local aquecido por cerca de 1 hora, ou até dobrar de volume.

Aperte a massa com o punho para eliminar o ar sobre uma superfície polvilhada com farinha e divida em dez porções de tamanho semelhante. Molde cada uma no formato de uma linguiça. Unte uma assadeira e disponha, espaçadamente, as porções de massa. Cubra com filme de PVC também untado com óleo e deixe crescer por 30 minutos.

Leve ao forno preaquecido a 200°C por 12-15 minutos, até crescer e começar a dourar (coloque uma assadeira com 1,5 cm de água na prateleira de baixo para evitar a formação de uma crosta dura nos pãezinhos). Transfira para uma grade para esfriar.

Prepare a cobertura. Misture o açúcar de confeiteiro com 1 colher (chá) de água por vez, até obter uma consistência fácil de espalhar. Cubra cinco pãezinhos com metade da mistura. Acrescente gotas de corante ao restante e decore os outros. Consumir logo depois de assar.

Variação: pãozinho doce com frutas secas. Prepare a receita acima, acrescentando à massa meia colher (chá) de canela em pó e 175 g de frutas secas picadas. Deixe crescer como indicado, molde dez bolinhas e achate-as sobre a assadeira. Pincele um pouco de leite e leve ao forno. Aqueça 2 colheres (sopa) de melado claro e pincele os pãezinhos depois de frios.

tortinha folhada de creme

12 unidades
Preparo: **30 minutos**
Cozimento: **35-40 minutos**

500 g de **massa folhada pronta**
1 colher (sopa) de **açúcar baunilhado** (p. 60)
3 **ovos**
2 gemas
75 g de **açúcar**
1 colher (chá) de **extrato de baunilha**
300 ml de **creme de leite light**
açúcar de confeiteiro peneirado, para polvilhar

Abra a massa folhada sobre uma superfície polvilhada com farinha até ficar com 5 mm de espessura. Corte ao meio e polvilhe metade com o açúcar baunilhado. Disponha o outro pedaço por cima e amasse levemente com o rolo de macarrão. Faça doze círculos com um cortador liso de 9 cm (junte as aparas e abra a massa novamente, se necessário).

Forre as doze cavidades de uma fôrma antiaderente para muffins com os círculos de massa, pressionando bem contra a base e a lateral. Cubra com papel-alumínio (envolva um limão-taiti para moldar o material e pressione-o contra a massa).

Leve ao forno preaquecido a 200°C por 15 minutos. Retire o papel-alumínio e asse por mais 5 minutos, até ficar crocante. Reduza a temperatura para 160°C.

Prepare o recheio. Bata os ovos, as gemas, o açúcar e a baunilha em um refratário. Aqueça o creme de leite até quase ferver e adicione à mistura. Bata bem e coe em uma jarra. Despeje nas bases de massa assadas e leve ao forno por mais 15-20 minutos, até o recheio firmar (deve ficar ligeiramente mole no centro). Deixe esfriar na fôrma e sirva polvilhado com açúcar de confeiteiro.

Variação: tortinha folhada de melado com limão.
Prepare e asse as bases de massa como acima, mas não use o açúcar baunilhado. Aqueça 400 g de melado claro até começar a ficar líquido. Retire do fogo e incorpore 75 g de farelo de pão branco e 3 colheres (sopa) de suco mais as raspas de 2 limões-sicilianos. Deixe esfriar um pouco e misture 1 ovo e 1 gema. Recheie e leve ao forno por 15 minutos, até firmar.

folhadinho de frutas

10 unidades
Preparo: **20 minutos**
Cozimento: **15 minutos**

175 g de **uva-passa escura**
25 g de **casca de laranja cristalizada** bem picada
½ colher (chá) de **mix de especiarias em pó** (p. 28)
50 g de **açúcar demerara**
500 g de **massa folhada pronta**
ovo batido, para pincelar
manteiga, para untar
açúcar, para polvilhar

Combine a uva-passa, a casca de laranja cristalizada, as especiarias e o açúcar em uma vasilha.

Abra a massa folhada sobre uma superfície polvilhada com farinha e faça dez círculos com um cortador de 12-13 cm ou usando um pires de café como molde (junte as aparas e abra a massa novamente, se necessário).

Pincele a borda dos discos com ovo batido e disponha uma colher (sobremesa) do recheio de uva-passa no centro. Feche os folhadinhos como se fossem uma trouxa e aperte a emenda, para selar. Vire e amasse com a palma da mão. Disponha sobre uma assadeira grande untada com a emenda para baixo e três cortes na superfície para a expor o recheio. Pincele com ovo batido.

Leve ao forno preaquecido a 220°C por cerca de 15 minutos, até estufar e dourar bem. Polvilhe com açúcar e transfira para uma grade para esfriar.

Variação: folhadinho de frutas secas ao licor de amêndoa. Misture 200 g de frutas secas picadas de sua preferência e 2 colheres (sopa) de licor de amêndoa. Reserve por pelo menos 2 horas e incorpore 25 g de amêndoa laminada picada. Recheie os folhadinhos com as frutas secas, feche e asse como indicado acima. Sirva morno ou frio com sorvete de creme ou creme de leite batido.

delícia de limão

9 pedaços
Preparo: **25 minutos**,
mais o tempo para gelar

8 **biscoitos champanhe** cortados ao meio na horizontal
100 g de **manteiga** amolecida
100 g de **açúcar**
raspas de 2 **limões-sicilianos**
2 **ovos**, claras e gemas separadas
150 ml de **creme de leite fresco**
suco de 1 limão-siciliano

Para servir
125 g de **framboesa fresca**
100 g de **mirtilo fresco**
folhas de hortelã
4 colheres (sopa) de **açúcar de confeiteiro** peneirado

Forre uma fôrma quadrada de 20 cm com filme de PVC. Disponha metade dos biscoitos champanhe na base, em uma camada.

Bata a manteiga, o açúcar e as raspas de limão até obter um creme claro. Misture as gemas, uma por vez, mexendo bem após cada adição.

Incorpore o creme de leite previamente batido até firmar e, depois, as claras em neve. Adicione o suco de meio limão.

Regue a base de biscoito com um pouco do suco da outra metade de limão. Distribua o creme e nivele a superfície. Cubra com os biscoitos restantes e pressione-os levemente sobre o recheio. Regue com o suco que sobrou e cubra com filme de PVC. Refrigere por pelo menos 4 horas, ou de um dia para outro.

Retire o filme de PVC, vire o doce sobre uma tábua de cortar e remova o outro pedaço de filme. Corte em quadrados e decore cada um com framboesa, mirtilo e hortelã. Polvilhe com açúcar de confeiteiro peneirado para servir.

Variação: tiramisù. Misture 4 colheres (sopa) de café forte com 2 colheres (sopa) de xerez. Regue a base de biscoitos com metade do líquido. Bata 250 g de mascarpone, 50 g de açúcar e 150 ml de creme de leite fresco. Espalhe metade sobre os biscoitos e distribua 50 g de chocolate meio amargo picado por cima. Arrume outra camada com os ingredientes restantes e termine com 50 g de raspas de chocolate meio amargo. Cubra com filme de PVC e refrigere como indicado.

bocadinho de caramelo

16 unidades
Preparo: **15 minutos**, mais o tempo para gelar
Cozimento: **15-20 minutos**

75 g de **manteiga sem sal** amolecida
75 g de **açúcar**
1 **gema**
1 colher (sopa) de **clara**
150 g de **farinha de trigo com fermento** peneirada, mais um pouco para polvilhar
8 caramelos cortados ao meio
açúcar de confeiteiro peneirado, para polvilhar

Bata a manteiga e o açúcar até obter um creme claro e leve. Incorpore a gema e a clara e misture até formar a massa. Amasse sobre uma superfície enfarinhada e molde uma bola. Envolva em filme de PVC e refrigere por pelo menos 30 minutos.

Divida a massa ao meio e distribua metade em dezesseis fôrmas de silicone para minimuffin, pressionando. Coloque um pedaço de caramelo no centro de cada uma. Com as mãos enfarinhadas, forme dezesseis bolinhas com a outra metade da massa. Achate-as para obter círculos de 5 cm de diâmetro. Cubra o recheio de caramelo com os círculos de massa e pressione bem as bordas.

Asse em forno preaquecido a 190°C por 15-20 minutos, ou até crescer um pouco. Deixe nas fôrmas por 5 minutos e transfira para uma grade para esfriar completamente. Polvilhe com açúcar de confeiteiro antes de servir.

Variação: bocadinho de chocolate duplo. Prepare a massa como na receita acima, mas substitua 45 g da farinha de trigo por 25 g de cacau em pó. Monte os bocadinhos, mas em vez de caramelo use pedacinhos de chocolate meio amargo ou ao leite. Sirva polvilhado com cacau em pó.

scone com geleia e creme

10 unidades
Preparo: **15 minutos**
Cozimento: **12 minutos**

225 g de **farinha de trigo com fermento**
1 colher (chá) de **fermento em pó**
40 g de **manteiga sem sal** gelada cortada em cubos, mais um pouco para untar
2 colheres (sopa) de **açúcar**
125 ml de **leite**, mais um pouco para pincelar

Para servir
geleia de morango
creme de leite fresco batido

Peneire juntos a farinha e o fermento no copo do processador. Bata com a manteiga até obter uma farofa (ou trabalhe com os dedos). Reserve 2 colheres (sopa) de leite. Acrescente o restante, mais o açúcar, e bata ou misture um pouco para formar uma massa macia e um pouco pegajosa.

Polvilhe uma superfície de trabalho com farinha. Amasse levemente e abra até a espessura de 1,5 cm. Faça dez círculos usando um cortador liso de 5 cm (se necessário, junte as aparas e abra a massa novamente). Distribua, espaçadamente, em uma assadeira untada e pincele com leite.

Asse em forno preaquecido a 220°C por 12 minutos, até crescer e dourar. Transfira para uma grade para esfriar.

Divida ao meio e sirva com geleia e creme de leite batido.

Variação: scone de maple syrup e uva-passa. Prepare a massa de acordo com as instruções acima, mas dispense o açúcar e substitua 75 ml do leite por 75 ml de maple syrup. Incorpore 65 g de uva-passa escura. Corte os círculos da mesma maneira e pincele com 2 colheres (chá) de maple syrup misturadas com 2 colheres (chá) de leite. Asse como indicado e sirva com manteiga.

scone de lavanda

24 unidades
Preparo: **20 minutos**
Cozimento: **8-10 minutos**

225 g de **farinha de trigo com fermento**
1 colher (chá) de **fermento em pó**
4 ramos de **flores de lavanda**
40 g de **manteiga sem sal** gelada cortada em cubos, mais um pouco para untar
150 ml de **leitelho** (p. 34)
leite ou **ovo** batido, para pincelar
açúcar, para polvilhar

Para a cobertura
150 ml de **creme de leite fresco**
4 colheres (sopa) de **geleia de morango**

Peneire juntos a farinha e o fermento no copo do processador (ou em uma vasilha, se for trabalhar com as mãos). Tire as flores de lavanda dos ramos e adicione aos ingredientes secos, com a manteiga. Bata (ou misture) até obter uma farofa. Acrescente o leitelho e bata (ou misture) até formar uma massa macia.

Sove um pouco sobre uma superfície de trabalho enfarinhada. Abra até a espessura de 1,5 cm e faça 24 círculos com um cortador liso de 3 cm (se necessário, junte as aparas e abra a massa novamente). Acomode espaçadamente sobre uma assadeira untada, pincele com leite ou ovo batido e polvilhe com açúcar.

Asse em forno preaquecido a 220°C por 8-10 minutos, até crescer e começar a dourar. Transfira para uma grade para esfriar.

Bata o creme de leite até começar a firmar. Divida os scones ao meio e una as metades com o creme batido e a geleia.

Variação: scone de cranberry e laranja. Pique 50 g de cranberry seco e deixe de molho em 2 colheres (sopa) de suco de laranja, até absorver todo o líquido. Prepare a massa como indicado, mas acrescente à farinha um quarto de colher (chá) de mix de especiarias em pó (p. 28) e o cranberry, mais as raspas de 1 laranja pequena e o leitelho (p. 34). Sirva morno e cortado ao meio com manteiga.

scone de cenoura e alecrim

22-24 unidades
Preparo: **15 minutos**
Cozimento: **8-10 minutos**

225 g de **farinha de espelta***, mais um pouco para polvilhar
2 colheres (chá) de **fermento em pó**
½ colher (chá) de **cremor de tártaro**
2 colheres (chá) de **alecrim** bem picado
2 colheres (sopa) de **açúcar**
50 g de **manteiga sem sal** gelada cortada em cubos, mais um pouco para untar
125 g de **cenoura** ralada fino
100 ml de **leite**, mais um pouco para pincelar

Para servir
mascarpone ou **creme de ricota**
geleia de laranja ou **maçã**

* Encontra-se em lojas de produtos naturais.

Peneire a farinha de espelta com o fermento e o cremor de tártaro no copo do processador. Junte os grãos que ficaram na peneira, mais o alecrim, o açúcar e a manteiga e bata até obter uma farofa. Adicione a cenoura e o leite e continue batendo, até obter uma massa macia. Se necessário, acrescente mais leite.

Sove um pouco sobre uma superfície de trabalho enfarinhada. Abra até a espessura de 1,5 cm e faça 22-24 círculos com um cortador liso de 3 cm (se necessário, junte as aparas e abra a massa novamente). Acomode espaçadamente sobre uma assadeira untada e pincele com leite.

Asse em forno preaquecido a 220°C por 8-10 minutos, até crescer e começar a dourar. Transfira para uma grade para esfriar.

Divida os scones ao meio e sirva com mascarpone ou creme de ricota e geleia.

Variação: scone de maçã e uva-passa. Misture 125 g de farinha de trigo integral, 100 g de farinha de trigo com fermento, 1 colher (chá) de mix de especiarias em pó (p. 28) e 2 colheres (chá) de fermento em pó. Adicione 40 g de manteiga com sal cortada em pedaços e amasse ou processe até obter uma farofa. Adicione 50 g de uva-passa clara picada e 1 maçã descascada e ralada. Acrescente 125 ml de leite e bata para formar uma massa macia, juntando mais leite se ficar muito seca. Abra, corte os círculos e asse como na receita acima.

bolinho de frutas vermelhas

12 unidades
Preparo: **20 minutos**,
mais o tempo para esfriar
Cozimento: **25 minutos**

175 g de **manteiga sem sal**, mais um pouco para untar
75 g de **morango**, **cereja** ou **cranberry desidratado** e picado grosseiramente
2 colheres (sopa) de **suco de laranja**
6 claras
225 g de **açúcar**, mais um pouco para polvilhar
75 g de **farinha de trigo com fermento**
125 g de **amêndoa** moída

Derreta a manteiga e deixe esfriar (pp. 15-6). Aqueça a fruta vermelha escolhida em uma panela com o suco de laranja. Transfira para uma vasilha e deixe esfriar.

Bata as claras em uma vasilha grande e sem vestígios de gordura até começar a espumar e aumentar de volume, mas ainda sem formar picos. Adicione o açúcar, a farinha e a amêndoa e mexa um pouco. Despeje a manteiga e misture delicadamente.

Unte uma fôrma para muffin com doze cavidades. Preencha com porções iguais de massa e distribua as frutinhas vermelhas reservadas. Asse em forno preaquecido a 200°C por cerca de 20 minutos, até firmar e começar a dourar.

Deixe na fôrma por 5 minutos e transfira para uma grade para esfriar. Sirva polvilhado com açúcar.

Variação: bolinho de avelã. Triture 125 g de amêndoa sem pele no processador. Pique mais 25 g. Prepare a massa de acordo com as instruções acima, mas acrescente meia colher (chá) de canela em pó ao derreter a manteiga. Dispense a fruta vermelha e o suco de laranja e substitua a amêndoa pela avelã triturada. Despeje a massa nas cavidades untadas e distribua a avelã picada. Asse como indicado.

pãozinho de uva-passa

18-20 unidades
Preparo: **15 minutos**
Cozimento: **15-20 minutos**

- 125 g de **manteiga sem sal** amolecida, mais um pouco para untar
- 100 g de **açúcar demerara**, mais um pouco para polvilhar
- 225 g de **farinha de trigo com fermento**
- 2 colheres (chá) de **mix de especiarias em pó** (p. 28)
- 1 **ovo**
- 150 ml de **leitelho** (p. 34)
- 175 g de **uva-passa escura**

Bata a manteiga e o açúcar até obter um creme claro e leve. Adicione os demais ingredientes e misture bem.

Unte duas assadeiras. Distribua, espaçadamente, porções pequenas de massa com o auxílio de dois garfos. Polvilhe com açúcar demerara.

Asse em forno preaquecido a 190°C por 15-20 minutos, ou até dourar bem. Transfira para uma grade para esfriar e sirva no mesmo dia.

Variação: pãozinho de coco e cereja. Prepare a massa como indicado, mas substitua 50 g da farinha de trigo por 25 g de coco ralado. Não use as especiarias e adicione 150 g de cereja glaceada picada grosseiramente no lugar da uva-passa escura. Não polvilhe com açúcar antes de assar. Espere esfriar e decore com uma mistura de 75 g de açúcar de confeiteiro peneirado com água apenas suficiente para fazer uma calda fácil de espalhar.

muffins e cupcakes

muffin de chocolate

12 unidades
Preparo: **20 minutos**
Cozimento: **25 minutos**

175 g de **chocolate meio amargo** quebrado em pedaços
50 g de **manteiga sem sal**
275 g de **farinha de trigo com fermento**
1 colher (sopa) de **fermento em pó**
50 g de **cacau em pó**
125 g de **açúcar demerara**
150 g de **chocolate ao leite** picado
1 **ovo** batido
2 colheres (chá) de **extrato de baunilha**
275 ml de **leite**

Derreta o chocolate meio amargo e a manteiga em banho-maria.

Combine a farinha, o fermento, o cacau, o açúcar e o chocolate ao leite em uma vasilha grande. Bata em uma jarra o ovo, a baunilha e o leite. Despeje um pouco do líquido no chocolate derretido, mexa e depois adicione o restante. Incorpore aos ingredientes secos e misture um pouco usando uma colher de metal grande.

Forre uma fôrma para muffin com doze cavidades com forminhas de papel. Distribua a massa e asse em forno preaquecido a 190°C por cerca de 20 minutos, até crescer e firmar. Transfira para uma grade para esfriar e sirva morno ou frio.

Variação: muffin com caramelo de chocolate. Misture 400 g de farinha de trigo com fermento, 1 colher (sopa) de fermento em pó, 100 g de açúcar e 200 g de bala de caramelo com chocolate picado. Bata em uma jarra 2 ovos, 50 g de manteiga derretida, 200 ml de leite e 2 colheres (chá) de extrato de baunilha. Adicione aos ingredientes secos e continue como na receita acima. Sirva morno.

muffin de chocolate com pimenta

8 unidades
Preparo: **20 minutos**
Cozimento: **20 minutos**

200 g de **farinha de trigo com fermento**
50 g de **cacau em pó**
1 colher (chá) de **fermento em pó**
150 g de **açúcar mascavo**
1 **ovo** batido
250 ml de **leite**
50 g de **manteiga** derretida
125 g de **chocolate meio amargo com pimenta** picado ou **chocolate meio amargo** picado misturado com uma pitada de **chili em pó** ou **pimenta-de-caiena em pó**
75 g de **pecã** torrada e moída grosseiramente
azeite, para untar

Corte um quadrado de 15 cm de papel-manteiga e use como molde para fazer mais sete. Dobre-os em quatro, abra e reserve.

Peneire juntos a farinha, o cacau e o fermento e acrescente o açúcar. Bata em uma jarra o ovo, o leite e a manteiga derretida. Adicione aos ingredientes secos e misture um pouco usando uma colher de metal grande, agregando bem. Incorpore o chocolate com pimenta e a pecã.

Unte cada quadrado de papel-manteiga e acomode, pressionando, nas cavidades de uma fôrma para muffin. Despeje a massa e asse em forno preaquecido a 200°C por 20 minutos, até crescer e dourar. Transfira para uma grade até amornar e sirva.

Variação: muffin de chocolate branco e framboesa. Prepare a massa de acordo com as instruções acima, mas substitua o cacau em pó por 50 g de farinha de trigo com fermento. Troque o chocolate meio amargo pimenta e pecã por 125 g de chocolate branco picado e 125 g de framboesa. Asse como indicado e sirva morno.

muffin de banana com chocolate

12 unidades
Preparo: **15 minutos**
Cozimento: **20-25 minutos**

- 150 g de **farinha de trigo integral com fermento**
- 150 g de **farinha de trigo com fermento**
- 2,5 colheres (chá) de **fermento em pó**
- 1 colher (chá) de **bicarbonato de sódio**
- ½ colher (chá) de **sal**
- 125 g de **açúcar**
- 3 **bananas** maduras amassadas
- 1 **ovo** batido
- 75 ml de **água**
- 75 ml de **óleo vegetal**
- 75 g de **chocolate meio amargo** picado

Peneire as farinhas, o fermento, o bicarbonato de sódio e o sal em uma vasilha grande. Adicione o farelo que ficar retido na peneira e junte o açúcar. Combine a banana, o ovo, a água e o óleo em uma jarra. Acrescente aos ingredientes secos e misture um pouco com uma colher de metal grande. Incorpore o chocolate.

Distribua a massa entre doze ramequins ou forminhas de papel acomodadas em uma fôrma para muffin com doze cavidades. Asse em forno preaquecido a 180°C por 20-25 minutos, até os bolinhos crescerem e estarem macios ao toque. Transfira para uma grade para esfriar.

Variação: muffin de baunilha com cereja. Prepare a massa de acordo com as instruções acima, mas substitua as bananas por 2 colheres (chá) de extrato de baunilha e o chocolate por 250 g de cereja fresca sem caroço.

muffin com ruibarbo e marzipã

12 unidades
Preparo: **20 minutos**, mais o tempo para esfriar
Cozimento: **30 minutos**

400 g de **ruibarbo*** aparado e cortado em pedaços de 1 cm, ou **maçã** descascada e picada
3 colheres (sopa) de **açúcar**, mais 100 g
375 g de **farinha de trigo com fermento**
2 colheres (chá) de **fermento em pó**
150 g de **marzipã** cortado em cubos
2 **ovos** batidos
100 g de **manteiga sem sal** derretida
150 ml de **leite**
açúcar de confeiteiro peneirado, para polvilhar

* O ruibarbo ainda não é muito difundido no Brasil, mas eventualmente pode ser encontrado em empórios e mercados municipais.

Misture o ruibarbo com 3 colheres (sopa) de açúcar. Despeje em uma assadeira forrada com papel--manteiga e leve ao forno preaquecido a 200°C por 10 minutos, até ficar macio. Retire do forno (mas não desligue) e deixe esfriar.

Combine o restante do açúcar com a farinha e o fermento em uma vasilha. Adicione o marzipã e o ruibarbo assado. Bata em uma jarra os ovos, a manteiga e o leite. Acrescente aos ingredientes secos e misture um pouco com uma colher de metal grande.

Distribua a massa entre forminhas de papel acomodadas em uma fôrma para muffin com doze cavidades. Asse por cerca de 20 minutos, até crescer e firmar. Transfira para uma grade para esfriar e sirva morno ou frio, polvilhado com açúcar de confeiteiro peneirado.

Variação: muffin de amêndoa com ameixa. Pique 400 g de ameixa madura. Prepare a massa de acordo com as instruções acima, mas substitua 50 g da farinha de trigo por 50 g de amêndoa moída e adicione 1 colher (chá) de canela em pó. Acrescente a ameixa picada em vez do ruibarbo e junte ao leite meia colher (chá) de extrato de amêndoa. Distribua a massa entre as forminhas de papel acomodadas nas cavidades da fôrma para muffin e polvilhe com açúcar demerara. Asse como indicado.

muffin com framboesa

6 unidades
Preparo: **15 minutos**
Cozimento: **15-20 minutos**

200 g de **farinha de trigo com fermento**
75 g de **açúcar**
2 colheres (sopa) de **amêndoa moída**
2 colheres (chá) de **fermento em pó**
raspas de 1 **limão-siciliano**
150 ml de **leitelho** (p. 34)
1 **ovo** batido
50 g de **manteiga** derretida
150 g de **framboesa fresca** ou congelada

Junte a farinha, o açúcar, a amêndoa, o fermento e as raspas de limão. Bata em uma jarra o leitelho, o ovo e a manteiga e adicione a framboesa. Acrescente aos ingredientes secos e misture um pouco com uma colher de metal grande (a massa não deve ficar completamente uniforme).

Distribua entre seis forminhas de papel acomodadas nas doze cavidades de uma fôrma para muffin. Asse em forno preaquecido a 180°C por 15-20 minutos, até crescer e dourar.

Variação: muffin de cassis com cobertura crocante. Prepare a massa de acordo com a receita acima, mas substitua a framboesa por 150 g de cassis ou outra fruta vermelha de sua preferência. Divida a massa entre seis forminhas de papel acomodadas nas doze cavidades de uma fôrma para muffin e distribua 1 colher (sopa) de avelã sem pele picada misturada com 1 colher (sopa) de açúcar demerara. Asse como indicado.

muffin de mirtilo

12 unidades
Preparo: **15 minutos**
Cozimento: **20 minutos**

275 g de **farinha de trigo com fermento**
2 colheres (chá) de **fermento em pó**
100 g de **açúcar**
250 g de **mirtilo fresco**
2 **ovos** batidos
50 g de **manteiga sem sal** derretida
200 ml de **leite**
2 colheres (chá) de **extrato de baunilha**
açúcar baunilhado (p. 60), para polvilhar

Combine a farinha, o fermento e o açúcar em uma vasilha e junte o mirtilo. Bata em uma jarra os ovos, a manteiga, o leite e a baunilha. Despeje nos ingredientes secos e misture um pouco com uma colher de metal grande.

Distribua a massa entre forminhas de papel acomodadas em uma fôrma para muffin com doze cavidades. Asse em forno preaquecido a 200°C por cerca de 20 minutos, até crescer e firmar. Transfira para uma grade para esfriar e polvilhe com açúcar baunilhado. Sirva morno ou frio.

Variação: muffin de aveia com cranberry. Misture 150 g de farinha de trigo com fermento, 100 g de farinha de trigo integral, 75 g de aveia em flocos, 1 colher (sopa) de fermento em pó, 1 colher (chá) de gengibre em pó e 100 g de açúcar demerara e incorpore 150 g de cranberry desidratado. Bata em uma jarra 2 ovos, 6 colheres (sopa) de azeite ou óleo vegetal, 150 ml de leite e 4 pedaços de compota de gengibre (p. 68) picados. Acrescente aos ingredientes secos e continue como na receita acima.

cupcake decorado com flor

12 unidades
Preparo: **40 minutos**,
mais o tempo para esfriar
Cozimento: **20-25 minutos**

150 g de **manteiga sem sal** amolecida
150 g de **açúcar**
2 **ovos**
1 ½ colher (sopa) de **água de rosas**
1 colher (sopa) de **leite**
175 g de **farinha de trigo com fermento**

Para a cobertura
150 g de **chocolate branco** quebrado em pedaços
25 g de **manteiga sem sal**

Para decorar
50 g de **pasta americana cor-de-rosa**
açúcar de confeiteiro peneirado, para polvilhar (opcional)

Bata todos os ingredientes da massa em uma vasilha até obter um creme uniforme. Distribua entre forminhas de papel acomodadas em uma fôrma para cupcake com doze cavidades. Asse em forno preaquecido a 180°C por 20-25 minutos, até crescer e firmar. Transfira para uma grade para esfriar.

Prepare a cobertura. Derreta o chocolate e a manteiga em banho-maria e deixe esfriar e espessar um pouco. Espalhe na superfície dos cupcakes.

Molde um cilindro a partir de uma porção de pasta americana cor-de-rosa do tamanho de uma cereja, até ficar com 9 cm de comprimento. Achate o cilindro para formar uma fita e enrole-a no formato de uma rosa pequena. Apare a base e acomode a florzinha no topo de um cupcake. Repita com o restante da pasta americana, até decorar todos os bolinhos. Polvilhe com açúcar de confeiteiro peneirado.

Variação: cupcake decorado com botões. Prepare a massa de acordo com as instruções acima, mas substitua a água de rosas por 1 colher (chá) de extrato de baunilha. Polvilhe uma superfície de trabalho com açúcar de confeiteiro e abra 50 g de cada de pasta americana vermelha, verde e azul. Faça círculos usando um cortador liso de 1-1,5 cm. Disponha sobre papel-manteiga e abra quatro buraquinhos em cada um com um palito ou espeto de metal, imitando um botão. Reserve por pelo menos 2 horas, para firmar. Bata 300 g de açúcar de confeiteiro com água suficiente para obter uma cobertura fácil de espalhar. Cubra os cupcakes depois de frios e decore com os botões de pasta americana.

cupcake de pecã e açúcar mascavo

12 unidades
Preparo: **30 minutos**
Cozimento: **18-20 minutos**

200 g de **pecã**
3 **ovos**, claras e gemas separadas
150 g de **açúcar mascavo**
50 g de **farelo de pão branco fresco**
50 g de **manteiga sem sal** derretida
1 **clara**

Para a cobertura
100 g **manteiga sem sal** amolecida
175 g de **açúcar demerara**
1 colher (chá) de **extrato de baunilha**
1 colher (chá) de **água** fervente

Reserve doze metades de pecã. Moa o restante no processador. Adicione as gemas, 100 g de açúcar, o farelo de pão e a manteiga e processe até obter um creme. Transfira para uma vasilha.

Bata as claras com um mixer em uma tigela grande sem vestígios de gordura, até obter picos firmes. Acrescente 1 colher (sopa) de açúcar por vez, batendo bem a cada adição. Incorpore um terço das claras à mistura de pecã com uma colher de metal grande. Junte o restante e misture delicadamente.

Despeje a massa em forminhas de papel acomodadas em uma fôrma para cupcake com doze cavidades. Asse em forno preaquecido a 180°C por 18-20 minutos, até firmar. Deixe na fôrma por 10 minutos e transfira para uma grade para esfriar completamente.

Prepare a cobertura. Bata a manteiga, o açúcar e a baunilha até obter um creme claro. Adicione a água e continue batendo até formar um creme claro. Espalhe sobre os cupcakes e decore com uma metade de pecã.

Variação: cupcake de amendoim. Bata 125 g de manteiga sem sal amolecida, 125 g de açúcar, 2 ovos, 125 g de farinha de trigo com fermento e 2 colheres (sopa) de leite. Incorpore 100 g de amendoim descascado salgado e leve ao forno como indicado. Para a cobertura, bata 75 g de pasta de amendoim, 50 g de manteiga sem sal amolecida, 100 g de açúcar de confeiteiro peneirado e 1 colher (chá) de água fervente até obter um creme. Espalhe sobre os cupcakes e decore com mais amendoim descascado picado.

cupcake de limão e cardamomo

12 unidades
Preparo: **25 minutos**
Cozimento: **20-25 minutos**

1 colher (sopa) de **baga de cardamomo**
raspas finas de 2 **limões-sicilianos**
150 g de **açúcar**
150 g de **manteiga sem sal** amolecida
2 **ovos**
175 g de **farinha de trigo com fermento**
1 colher (sopa) de **suco de limão-siciliano**
balas sabor limão de goma ou de gelatina picadas, para decorar

Para a cobertura
175 g de **açúcar de confeiteiro** peneirado
2 colheres (sopa) de **suco de limão-siciliano**
gotas de corante alimentício amarelo (opcional)

Esmague o cardamomo em um pilão ou em uma vasilha, com o cabo de um rolo de macarrão. Descarte a casca e moa as sementes o mais fino possível.

Reserve um quarto de colher (chá) de sementes moídas para decorar e bata o restante no processador com as raspas de limão e o açúcar, até ficar bem fino. Adicione a manteiga, os ovos, a farinha e o suco de limão e processe até obter um creme (incorpore a mistura que grudar no copo do processador).

Despeje a massa nas forminhas de papel acomodadas em uma fôrma para cupcake com doze cavidades. Asse em forno preaquecido a 180°C por 20-25 minutos, até firmar. Transfira para uma grade para esfriar.

Prepare a cobertura. Bata o açúcar de confeiteiro e o suco de limão-siciliano e acrescente gotas de corante alimentício amarelo (se usar). Se necessário, pingue um pouco mais de água ou suco para fazer uma cobertura fácil de espalhar. Cubra os cupcakes, decore com balas e salpique com o cardamomo reservado.

Variação: cupcake de laranja e maracujá. Prepare a massa de acordo com a receita acima, mas não use o cardamomo e substitua as raspas e o suco de limão-siciliano por 1 colher (sopa) de suco e raspas de 1 laranja. Para a cobertura, passe por uma peneira a polpa de 3 maracujás maduros (se não quiser as sementes). Adicione 175 g de açúcar de confeiteiro peneirado e misture até obter uma calda fácil de espalhar. Cubra os cupcakes já frios e sirva.

cupcake de amêndoa

12 unidades
Preparo: **15 minutos**
Cozimento: **20-25 minutos**

125 g de **biscoito amaretto**
125 g de **açúcar**
175 g de **manteiga sem sal** amolecida
3 **ovos**
125 g de **farinha de trigo com fermento**
½ colher (chá) de **fermento em pó**
3 colheres (sopa) de **amêndoa laminada**
açúcar de confeiteiro peneirado, para polvilhar

Triture o biscoito dentro de um saco plástico com fecho hermético com um rolo de macarrão, até ficar com consistência de farofa. Bata com o açúcar, a manteiga, os ovos, a farinha e o fermento para obter um creme homogêneo.

Distribua entre as forminhas de papel acomodadas em uma fôrma para cupcake com doze cavidades e nivele com as costas de uma colher de chá. Decore com a amêndoa laminada.

Asse em forno preaquecido a 180°C por 20-25 minutos, até crescer e firmar. Transfira para uma grade para esfriar. Polvilhe com açúcar de confeiteiro peneirado e sirva.

Variação: cupcake aromático de amêndoa com cobertura. Prepare a massa como acima e acrescente 1 colher (chá) de mix de especiarias em pó (p. 28) aos ingredientes secos. Para a cobertura, bata 100 g de manteiga sem sal amolecida com 125 g de açúcar de confeiteiro peneirado e 3 colheres (sopa) de conhaque até obter um creme claro. Espalhe sobre os cupcakes e sirva.

cupcake de flor de sabugueiro

12 unidades
Preparo: **15 minutos**
Cozimento: **20-25 minutos**

150 g de **manteiga sem sal** bem amolecida
150 g de **açúcar**
2 **ovos**
2 colheres (sopa) de **xarope de flor de sabugueiro** (veja receita abaixo)
raspas de 1 **limão-siciliano**
175 g de **farinha de trigo com fermento**
ramos de flor de sabugueiro, para decorar (opcional)

Para a cobertura
250 g de **cream cheese**
50 g de **manteiga sem sal** amolecida
100-125 ml de **xarope de flor de sabugueiro** (veja receita ao lado)

Bata todos os ingredientes da massa até obter um creme homogêneo. Distribua entre forminhas de papel acomodadas em uma fôrma para cupcake com doze cavidades.

Asse em forno preaquecido a 180°C por 20-25 minutos, até crescer e firmar. Transfira para uma grade para esfriar.

Prepare a cobertura. Bata o cream cheese até ficar macio. Adicione a manteiga e a maior parte do xarope de flor de sabugueiro e bata mais um pouco. Acrescente mais líquido se perceber que a mistura ainda continuará com consistência adequada para espalhar. Cubra os cupcakes e decore com os ramos, se quiser.

Para fazer o xarope de flor de sabugueiro. Dissolva 1 kg de açúcar em 1,5 l de água fervente. Reserve para esfriar. Rale a casca de 4 limões-sicilianos médios, corte-os em fatias grossas e acrescente à água. Misture 55 g de ácido cítrico e 30 buquês de flor de sabugueiro. Tampe e reserve por 48 horas. Coe usando um pedaço de musselina e envase em garrafas esterilizadas. Feche-as e guarde em lugar escuro e fresco. Depois de aberto, conserve na geladeira (pode ser usado puro, para aromatizar sorvetes e sobremesas à base de fruta, como essa, ou diluído em água, em refrescos).

cupcake de manga e coco

12 unidades
Preparo: **25 minutos**, mais o tempo para hidratar
Cozimento: **25 minutos**

150 g de **manga seca** picada
raspas de 1 **laranja**
6 colheres (sopa) de **suco de laranja**
50 g de **coco fresco ralado**
175 g de **manteiga sem sal** amolecida
150 g de **açúcar**
2 **ovos**
175 g de **farinha de trigo com fermento**
coco fresco ralado torrado*, para decorar

Para a cobertura
50 ml de **creme de leite light**
40 g de **coco fresco ralado** fino
2 colheres (chá) de **suco de limão-siciliano**
250 g de **açúcar de confeiteiro** peneirado

* Para torrar o coco fresco ralado, espalhe-o em uma assadeira em uma camada uniforme e leve ao forno preaquecido a 150°C por 5-10 minutos, até dourar (vigie constantemente, para não queimar). Retire e deixe esfriar antes de usar. Também pode ser feito na chapa de fogão, para melhor controle.

Combine a manga, as raspas e o suco de laranja em uma tigela e reserve por várias horas, até o líquido ser absorvido.

Bata o coco, a manteiga, o açúcar, os ovos e a farinha até obter um creme homogêneo. Adicione a manga hidratada e o suco que porventura restar no recipiente.

Distribua a massa entre forminhas de papel acomodadas em uma fôrma para cupcake com doze cavidades. Asse em forno preaquecido a 180°C por cerca de 20 minutos, até crescer e firmar. Transfira para uma grade para esfriar.

Prepare a cobertura. Aqueça o creme de leite e o coco em uma panela pequena. Transfira para uma vasilha refratária, acrescente o suco de limão e o açúcar e bata até ficar uniforme. Espalhe sobre os cupacakes e decore com coco ralado torrado.

Variação: cupcake de cranberry e coco. Substitua a manga hidratada no suco de laranja por 150 g de cranberry fresco picado grosseiramente e 50 g de açúcar de confeiteiro peneirado. Reserve por 30 minutos. Prepare a massa como indicado. Para fazer a cobertura, bata 100 g de açúcar de confeiteiro peneirado com 1 colher (sopa) de água (use um pouco mais, se necessário) até obter uma pasta homogênea, com consistência para espalhar. Derrame em fio sobre os cupcakes já frios.

cupcake de chocolate e framboesa

12 unidades
Preparo: **25 minutos**, mais o tempo para esfriar
Cozimento: **35 minutos**

50 g de **chocolate meio amargo** picado
100 ml de **água**
125 g de **manteiga sem sal** amolecida
200 g de **açúcar demerara**
2 **ovos**
175 g de **farinha de trigo com fermento**
25 g de **cacau em pó**
1 colher (chá) de **bicarbonato de sódio**
½ colher (chá) de **fermento em pó**
100 ml de **sour cream** (p. 40)
12 **framboesas frescas** inteiras, para decorar

Para o ganache
200 ml de **creme de leite fresco**
2 colheres (sopa) de **açúcar de confeiteiro** peneirado
200 g de **chocolate meio amargo** picado
100 g de **framboesa fresca** cortada ao meio

Derreta o chocolate com a água em uma panela pequena. Deixe esfriar.

Bata a manteiga, o açúcar, os ovos, a farinha, o cacau em pó, o bicarbonato de sódio e o fermento em uma vasilha até obter um creme homogêneo. Adicione o chocolate derretido e o sour cream e misture bem.

Distribua a massa entre forminhas de papel acomodadas em uma fôrma para cupcake com doze cavidades. Asse em forno preaquecido a 180°C por cerca de 25 minutos, até crescer e firmar. Transfira para uma grade para esfriar.

Prepare o ganache. Aqueça o creme de leite e o açúcar de confeiteiro peneirado em uma panela até quase ferver. Despeje sobre o chocolate picado em uma vasilha refratária e mexa para derreter. Cubra e refrigere. Quando começar a engrossar, incorpore a framboesa e cubra os cupcakes. Decore cada um com uma framboesa inteira.

Variação: ganache de chocolate branco. Aqueça 100 ml de creme de leite fresco até começar a borbulhar na borda. Retire do fogo e incorpore 200 g de chocolate branco picado. Despeje em um refratário e mexa até o chocolate branco derreter. Misture mais 100 ml de creme de leite fresco e refrigere por pelo menos 2 horas. Bata com um batedor manual ou com um mixer até engrossar. Cubra os cupcakes e decore com raspas de chocolate meio amargo ou branco.

cupcake com cobertura de caramelo e amendoim

16 unidades
Preparo: **20 minutos**
Cozimento: **15-20 minutos**

65 g de **manteiga sem sal** amolecida
65 g de **açúcar demerara**
65 g de **farinha de trigo com fermento**
1 **ovo**
50 g de **amendoim salgado** descascado e picado, mais um pouco para decorar

Para a cobertura
50 g de **manteiga sem sal**
100 g de **açúcar demerara**
3 colheres (sopa) de **leite**
75 g de **açúcar de confeiteiro**

Bata a manteiga, o açúcar, a farinha e o ovo até obter um creme claro. Incorpore o amendoim picado.

Distribua a mistura entre dezesseis forminhas de silicone para minimuffin acomodadas em uma assadeira. Leve ao forno preaquecido a 180°C por 10-12 minutos, ou até crescer e firmar. Mantenha na fôrma por 2 minutos e transfira para uma grade para esfriar completamente.

Prepare a cobertura. Dissolva o açúcar demerara no leite com a manteiga em uma panela. Deixe ferver por 1 minuto até começar a ficar com consistência de xarope. Retire do fogo e transfira para uma vasilha refratária. Peneire o açúcar de confeiteiro e mexa até a mistura ficar homogênea e com aparência de caramelo. Espalhe sobre os minicupcakes e decore com o amendoim picado.

Variação: cupcake de mel e pinhole. Toste e pique 100 g de pinhole. Prepare os bolinhos como na receita acima, mas substitua o amendoim por metade do pinhole. Em uma panela, derreta 25 g de manteiga sem sal com uma colher (sopa) e meia de mel e 1 colher (sopa) de açúcar mascavo. Deixe ferver e mantenha no fogo até o ponto de xarope. Retire e misture 1 colher (sopa) de suco de limão-siciliano e o restante do pinhole. Despeje sobre os bolinhos e sirva morno.

delícias salgadas

palito de gorgonzola e tomilho

40 unidades
Preparo: **15 minutos**
Cozimento: **15 minutos**

100 g de **farinha de trigo com fermento**
2 colheres (chá) de **tomilho** bem picado, mais algumas folhinhas inteiras para decorar
100 g de **manteiga sem sal** gelada cortada em cubos, mais um pouco para untar
100 g de **queijo gorgonzola** ou **roquefort** firme, descascado e ralado
1 **gema**
sal marinho

* Tapenade é uma pasta de origem francesa à base de azeitona que também leva alcaparra, anchova, azeite, alho e ervas. É encontrada pronta no supermercado.

Coloque a farinha e o tomilho em uma tigela (ou no copo do processador). Adicione a manteiga e trabalhe com as mãos (ou bata) até obter uma farofa. Incorpore o queijo e a gema e misture até formar a massa.

Sove sobre uma superfície levemente enfarinhada até ficar macia. Com o rolo, abra até atingir 5 mm de espessura. Apare as bordas e corte palitos de 5 mm de largura e cerca de 9 cm de comprimento. Disponha sobre uma assadeira untada, deixando um pouco de espaço entre cada um.

Salpique com o sal e leve ao forno preaquecido a 200°C por cerca de 15 minutos, até dourar. Mantenha na assadeira, depois transfira para uma grade para esfriar completamente. Espalhe folhinhas de tomilho na hora de servir.

Variação: palito de azeitona. Polvilhe levemente uma superfície de trabalho com farinha de trigo. Abra 375 g de massa folhada pronta até obter um retângulo de 25 cm x 15 cm e corte ao meio. Bata 1 gema e 1 colher (sopa) de água e pincele a superfície de uma das metades. Espalhe 3 colheres (sopa) de tapenade* de azeitona verde ou preta em uma camada fina. Acomode a outra metade de massa por cima e amasse com o rolo para formar um quadrado de 24 cm. Apare as bordas e pincele com a mistura de gema e água. Corte ao meio novamente e cada metade em tiras de 2 cm de largura. Torça cada uma diversas vezes e acomode em uma assadeira levemente untada. Salpique com o sal e asse como indicado acima.

scone de presunto e tomate

Cerca de **12** unidades
Preparo: **20 minutos**
Cozimento: **12-15 minutos**

125 ml de **leite**, mais um pouco para pincelar
2 colheres (sopa) de **pasta de tomate seco**
50 g de **presunto cru** bem picado
250 g de **farinha de trigo com fermento**
1 colher (chá) de **fermento em pó**
40 g de **manteiga sem sal** gelada cortada em cubos, mais um pouco para untar
páprica em pó, para polvilhar

Bata em uma jarra o leite, a pasta de tomate seco e o presunto. Coloque a farinha e o fermento em uma vasilha ou no copo do processador. Adicione a manteiga e trabalhe com as mãos (ou bata) até obter uma farofa. Adicione a mistura de leite e misture (ou processe) rapidamente para formar uma massa uniforme.

Polvilhe levemente uma superfície de trabalho com farinha. Molde uma bola de massa e abra até ficar com 1,5 cm de espessura. Faça cerca de doze círculos usando um cortador de biscoitos liso de 4 cm (junte e abra as aparas de massa para fazer mais unidades, se necessário). Unte levemente uma assadeira e acomode os círculos, deixando um pouco de espaço entre eles. Pincele com leite e polvilhe com a páprica.

Leve ao forno preaquecido a 220°C por 12-15 minutos, ou até crescer e dourar. Transfira para uma grade para esfriar. Sirva morno ou frio, cortado ao meio e acompanhado de manteiga com pimenta e salsinha (veja receita abaixo).

Acompanhamento: manteiga com pimenta e salsinha. Bata 100 g de manteiga sem sal com meia pimenta-dedo-de-moça sem sementes picada, 2 colheres (sopa) de salsinha bem picada e 1 dente de alho bem picado. Transfira para o recipiente de servir, cubra com filme de PVC e refrigere até a hora de servir.

scone de queijo com pimenta

Cerca de **12** unidades
Preparo: **20 minutos**
Cozimento: **12-15 minutos**

- 2 colheres (sopa) de **pimenta-do-reino** verde em salmoura, escorrida e enxaguada
- 125 g de **farinha de trigo integral**
- 100 g de **farinha de trigo com fermento**
- 2 colheres (chá) de **fermento em pó**
- 50 g de **manteiga sem sal** gelada cortada em cubos, mais um pouco para untar
- 50 g de **queijo gorgonzola** ou **roquefort** descascado e ralado
- 150 ml de **leite**, mais um pouco para pincelar

Esmague grosseiramente a pimenta em um pilão ou, usando o cabo de um rolo de macarrão, em uma vasilha. Coloque as farinhas e o fermento em uma vasilha (ou no copo do processador). Adicione a manteiga e trabalhe com as mãos (ou bata) até obter uma farofa. Acrescente a pimenta, o queijo e o leite e misture para formar uma massa uniforme (junte um pouco mais de leite se a massa estiver muito seca).

Polvilhe levemente uma superfície de trabalho com farinha. Molde uma bola de massa e abra até ficar com 1,5 cm de espessura. Faça cerca de doze círculos usando um cortador de biscoitos liso de 4 cm (junte e abra as aparas de massa para fazer mais unidades, se necessário). Unte levemente uma assadeira e acomode os círculos, deixando um pouco de espaço entre eles. Pincele os scones com leite.

Leve ao forno preaquecido a 220°C por 12-15 minutos, até crescer e dourar. Transfira para uma grade para esfriar. Sirva morno ou frio, cortado ao meio e acompanhado de relish de pera, se desejar (veja receita abaixo).

Acompanhamento: relish de pera. Misture bem 1 cebola roxa pequena bem picada, 2 peras descascadas e picadas, 2 colheres (sopa) de cebolinha picada, 1 colher (sopa) de açúcar, 1 colher (sopa) de vinagre de vinho branco, uma pitada de cravo em pó, sal e pimenta-do-reino moída na hora a gosto. Cubra e reserve por, pelo menos, 2 horas antes de servir com os scones de queijo com pimenta.

muffin de batata, bacon e tomilho

12 unidades
Preparo: **20 minutos**, mais o tempo para esfriar
Cozimento: **15-20 minutos**

400 g de **batata serosa** (como batata-baronesa) descascada e cortada em cubos
100 g de **bacon** picado
275 g de **farinha de trigo com fermento**
2 colheres (chá) de **fermento em pó**
1 colher (sopa) de **tomilho** picado, mais alguns raminhos para decorar
175 ml de **leite**
5 colheres (sopa) de **azeite**
1 **ovo** batido
sal e **pimenta-do-reino** moída na hora

Cozinhe a batata em água fervente com sal por 5-6 minutos, até ficar macia. Escorra e reserve para esfriar.

Grelhe o bacon até dourar e ficar crocante. Deixe esfriar.

Misture em uma vasilha a farinha, o fermento, o tomilho e um pouco de sal e pimenta e incorpore a batata e o bacon. Bata em uma jarra o leite, o azeite e o ovo. Adicione aos ingredientes secos e mexa com uma colher de metal grande, apenas até combinar.

Distribua a massa entre forminhas de papel acomodadas em uma fôrma para cupcake com doze cavidades. Salpique com um pouco de sal e distribua mais tomilho picado. Asse em forno preaquecido a 220°C por 15-20 minutos, até crescer e dourar. Transfira para uma grade para esfriar. Sirva morno ou frio, decorado com folhinhas de tomilho.

Variação: muffin de batata-doce e coentro. Cozinhe 400 g de batata-doce descascada e cortada em cubos como indicado acima, em vez da batata-baronesa. Esmague 1 colher (chá) de semente de cominho em um pilão ou, usando o cabo de um rolo de macarrão, em uma vasilha. Prepare a massa como indicado, mas dispense o bacon e o tomilho e adicione aos ingredientes secos a batata-doce, o cominho, 4 colheres (sopa) de coentro fresco picado e 1 colher (chá) de sal. Asse de acordo com as instruções acima.

muffin de milho e presunto

12 unidades
Preparo: **15 minutos**,
mais o tempo para esfriar
Cozimento: **20 minutos**

- 175 g de **milho-verde** congelado
- 150 g de **farinha de trigo com fermento**
- 150 g de **fubá**
- 2 colheres (chá) de **fermento em pó**
- 75 g de **gruyère** ralado
- 4 colheres (sopa) de **cebolinha-francesa** picada
- 100 g de **presunto cozido** cortado em cubos
- 2 **ovos** batidos
- 200 ml de **leite**
- 4 colheres (sopa) de **óleo vegetal**
- **sal** e **pimenta-do-reino** moída na hora

Cozinhe o milho em água fervente por 1 minuto e escorra bem.

Misture em uma tigela a farinha, o fubá, o fermento, o queijo, a cebolinha e um pouco de sal e pimenta-do-reino. Incorpore o milho e o presunto. Bata em uma jarra os ovos, o leite e o óleo. Adicione aos ingredientes secos com uma colher de metal grande, mexendo apenas até combinar.

Distribua a massa entre forminhas de papel acomodadas em uma fôrma para cupcake com doze cavidades. Asse em forno preaquecido a 220°C por 20 minutos, até crescer e firmar. Transfira para uma grade para esfriar.

Variação: muffin de pimentão assado. Corte ao meio e retire as sementes de 3 pimentões vermelhos. Acomode em uma assadeira forrada com papel-alumínio e regue com 1 colher (sopa) de azeite. Leve ao forno preaquecido a 220°C por 45 minutos, até ficarem macios e começarem a queimar nas bordas. Deixe esfriar e pique grosseiramente. Misture em uma vasilha 300 g de farinha de trigo com fermento, 1 colher (chá) de fermento em pó, 1 colher (chá) de sal de aipo, 75 g de cheddar ou parmesão ralado na hora e bastante pimenta-do-reino moída na hora. Bata em uma jarra 3 ovos, 75 ml de azeite, 4 colheres (sopa) de pesto e 100 ml de leite. Adicione aos ingredientes secos e junte o pimentão picado. Continue e asse como indicado.

grissini de parmesão e cebolinha

Cerca de **30** unidades
Preparo: **30 minutos**, mais o tempo para crescer
Cozimento: **15-20 minutos**

500 g de **farinha de trigo com fermento**
2 colheres (chá) de **fermento biológico seco**
1 colher (chá) de **sal**, mais um pouco para salpicar
50 g de **parmesão** ralado fino
4 colheres (sopa) de **cebolinha--francesa** picada
3 colheres (sopa) de **azeite**, mais um pouco para untar
300 ml de **leite** morno
semolina, para polvilhar
ovo batido, para pincelar

Misture em uma vasilha a farinha, o fermento, o sal, o parmesão e a cebolinha-francesa. Adicione o azeite e a água e misture para formar a massa (acrescente um pouco mais de água se a massa estiver seca).

Sove a massa por 10 minutos sobre uma superfície enfarinhada até ficar macia e elástica. Coloque em uma tigela levemente untada, cubra com filme de PVC e deixe crescer em um lugar quente até dobrar de volume.

Unte duas assadeiras e polvilhe levemente com a semolina. Aperte a massa para eliminar o ar e abra sobre uma superfície enfarinhada um retângulo de 30 cm x 20 cm. Corte tiras de 1 cm de largura, estique um pouco cada uma e acomode em uma assadeira. Pincele com ovo batido e polvilhe com mais semolina. Leve ao forno preaquecido a 220°C por 15-20 minutos, até dourar. Transfira para uma grade para esfriar. Fica melhor se consumido logo depois de assar.

Variação: pretzel salgado. Prepare a massa como acima, mas substitua o parmesão e a cebolinha-francesa por 2 colheres (chá) de alecrim bem picado. Divida a massa ao meio e abra cada metade em um quadrado de 25 cm. Cubra com um pano de prato limpo e reserve por 5 minutos. Corte em tiras finas e disponha sobre a superfície de trabalho. Molde o pretzel: forme um arco largo, puxando uma das pontas em direção ao centro, como para fazer um laço; pressione a ponta para selar. Faça o mesmo com a outra ponta, passando-a por cima da primeira. Repita com as demais tiras. Transfira para duas assadeiras ligeiramente untadas com azeite e asse como indicado. Enquanto isso, aqueça 4 colheres (chá) de sal marinho, 1 colher (sopa) de açúcar e 2 colheres (sopa) de água, até dissolver. Pincele os pretzels ainda quentes e salpique com mais sal.

biscoito de aveia com sementes

20 unidades
Preparo: **15 minutos**
Cozimento: **25 minutos**

125 g de **farinha de aveia**
75 g de **farinha de trigo com fermento**
4 colheres (sopa) de **mix de sementes**, como gergelim branco, gergelim preto e linhaça
½ colher (chá) de **sal de aipo** ou **sal marinho**
½ colher (chá) de **pimenta-do-reino** moída na hora
50 g de **manteiga sem sal** gelada e cortada em cubos, mais um pouco para untar
5 colheres (sopa) de **água** gelada

Misture a farinha de aveia, a farinha de trigo, as sementes, o sal e a pimenta-do-reino em uma vasilha (ou no copo do processador).

Junte a manteiga e trabalhe com as mãos (ou bata) até obter uma farofa. Adicione a água e misture (ou processe) até obter uma massa firme (acrescente mais água se a massa estiver seca).

Polvilhe levemente uma superfície com farinha e abra a massa até ficar com 2,5 mm de espessura. Faça vinte discos usando um cortador liso ou canelado de 6 cm (junte as aparas e abra a massa novamente para fazer mais unidades, se necessário). Distribua espaçadamente em uma assadeira untada grande. Leve ao forno preaquecido a 180°C por cerca de 25 minutos, até firmar. Transfira para uma grade para esfriar. Sirva com queijo.

Variação: biscoito de aveia com especiarias. Esmague meia colher (chá) de semente de cominho, meia colher (chá) de semente de coentro e meia colher (chá) de pimenta-calabresa em um pilão ou, usando o cabo de um rolo de macarrão, em uma vasilha. Pique bem 25 g de damasco seco e prepare a massa como indicado acima, substituindo o mix de sementes e o sal de aipo pelas especiarias e o damasco. Sirva com queijos macios.

pão rápido com cebola e ervas

1 pão
Preparo: **15 minutos**, mais o tempo para descansar
Cozimento: **30 minutos**

- 325 ml de **leite**, mais um pouco se necessário
- 1 colher (sopa) de **suco de limão-siciliano**
- 1 **cebola roxa** pequena bem picada
- 1 **ovo** batido
- 250 g de **farinha de trigo integral**
- 250 g de **farinha de trigo com fermento**, mais um pouco para polvilhar
- 2 colheres (chá) de **sal**
- 1 colher (chá) de **bicarbonato de sódio**
- 25 g de **mix de ervas frescas**, como cebolinha-francesa, endro, cerefólio e salsinha, bem picadas
- 40 g de **manteiga sem sal** cortada em cubos, mais um pouco para untar

Misture em uma jarra o leite e o suco de limão-siciliano e reserve por 5 minutos. Incorpore a cebola e o ovo.

Combine as farinhas, o sal e o bicarbonato de sódio em uma tigela e adicione as ervas. Junte a manteiga e trabalhe com as mãos até obter uma farofa. Despeje o leite e forme a massa (acrescente mais líquido se estiver seca).

Polvilhe levemente uma superfície com farinha e molde uma bola. Acomode em uma assadeira untada e achate um pouco com a mão. Salpique generosamente com mais farinha. Faça um corte em cruz com 2,5 cm de profundidade na superfície da massa.

Leve ao forno preaquecido a 200°C por cerca de 30 minutos, até crescer e dourar bem. O pão estará pronto quando emitir um som oco ao bater na base. Transfira para uma grade para esfriar.

Variação: pãozinho de erva-doce e gruyère. Refogue em uma frigideira 1 bulbo de erva-doce bem picado em 25 g de manteiga por cerca de 5 minutos, até ficar macio. Prepare a massa como indicado acima, mas substitua a cebola pela erva-doce e as ervas por 75 g de gruyère ralado. Divida a massa em oito porções e molde uma bola com cada uma. Acomode em uma assadeira untada e polvilhe com farinha de trigo. Faça um corte em cruz na superfície de cada uma e leve ao forno por 15 minutos.

minipizza fácil de aliche e azeitona preta

8 unidades
Preparo: **20 minutos**, mais o tempo para esfriar
Cozimento: **35 minutos**

- 4 **cebolas** cortadas em fatias finas
- 4 colheres (sopa) de **azeite**, mais um pouco para untar
- 1 colher (sopa) de **orégano fresco** picado, mais folhinhas inteiras para servir
- **farinha de trigo com fermento**, para polvilhar
- 500 g de **massa folhada pronta**
- **ovo** batido, para pincelar
- 75 g de **azeitona preta** cortada ao meio
- 50 g de **aliche conservado em azeite** escorrido
- **pimenta-do-reino** moída na hora

Refogue a cebola no azeite por cerca de 20 minutos, até ficar macia e dourar. Misture o orégano e deixe esfriar.

Polvilhe levemente com farinha uma superfície de trabalho e abra a massa em um retângulo de 65 cm x 30 cm. Corte oito discos usando como molde um pires de 14 cm. Vire a beira da massa para fazer uma borda fina e pressione para firmá-la.

Acomode os discos em uma assadeira ligeiramente untada e pincele com o ovo batido. Junte a azeitona à cebola refogada, tempere com pimenta-do-reino e distribua entre as bases de massa. Corte os filés de aliche ao meio no sentido do comprimento e disponha-os sobre o recheio. Leve ao forno preaquecido a 200°C por 15 minutos, até crescer e dourar. Sirva as minipizzas mornas ou frias, com folhinhas inteiras de orégano por cima.

Variação: tortinha folhada de queijo de cabra.
Misture 200 g de queijo de cabra macio, 3 dentes de alho amassados, 2 colheres (sopa) de salsinha picada e 1 colher (sopa) de hortelã picada e tempere com sal e pimenta-do-reino moída na hora. Abra 500 g massa folhada pronta e corte oito discos de 12 cm usando um pires como molde. Pincele a borda de quatro discos com ovo batido e distribua o recheio. Cubra com os outros quatro discos e pressione as bordas para fechar as tortinhas. Acomode em uma assadeira untada com óleo. Pincele a superfície com ovo batido e molde curvas com a ponta de uma faca. Leve ao forno como indicado acima por 20 minutos, ou até a massa inflar e dourar.

espiral apimentada de linguiça

30 unidades
Preparo: **15 minutos**, mais o tempo para esfriar e congelar
Cozimento: **20 minutos**

½ **pimenta-dedo-de-moça** bem picada
1 **cebola roxa** pequena bem picada
1 colher (sopa) de **azeite**
75 g de **linguiça** bem picada
2 colheres (sopa) de **coentro** bem picado
sal
farinha de trigo com fermento, para polvilhar
500 g de **massa folhada pronta**
1 **gema**
2 colheres (chá) de **água**
manteiga, para untar

Refogue a pimenta e a cebola no azeite por 5 minutos, até ficarem macias. Retire do fogo e deixe esfriar. Misture a linguiça e o coentro e tempere com sal.

Polvilhe levemente uma superfície de trabalho com farinha e abra a massa folhada até obter um retângulo de 40 cm x 30 cm. Misture a gema com a água e pincele a superfície. Espalhe o recheio de linguiça em uma camada uniforme e enrole pelo lado maior, como se fosse um rocambole. Envolva em filme de PVC e leve ao congelador por 30 minutos.

Apare as extremidades e corte fatias de 1 cm de espessura. Disponha sobre a superfície de trabalho enfarinhada e amasse levemente com o rolo de macarrão.

Unte duas assadeiras, pincele um pouco mais com a mistura de ovo batido e leve ao forno preaquecido a 220°C por 10 minutos. Se o centro dos folhadinhos estufar, pressione com as costas de uma colher, recoloque no forno e asse por mais 5 minutos, ou até dourar. Transfira para uma grade para esfriar um pouco e sirva morno ou frio.

Variação: espiral com alho e ervas. Bata 100 g de cream cheese e 1 colher (sopa) de azeite até amolecer. Adicione 2 dentes de alho amassados, 4 colheres (sopa) de salsinha picada e 2 colheres (sopa) de estragão picado e tempere com um pouco de sal e bastante pimenta-do-reino. Molde os folhadinhos como indicado acima, mas substitua o recheio de linguiça pelo de cream cheese. Asse da mesma maneira, em assadeiras forradas com papel-manteiga.

pão de centeio e semente de girassol

1 pão
Preparo: **10 minutos**
Cozimento: **50 minutos**

200 g de **farinha de trigo com fermento**, mais um pouco para polvilhar
200 g de **farinha de espelta**
100 g de **farinha de centeio**
2 colheres (chá) de **fermento em pó**
1 colher (chá) de **sal**
75 g de **semente de girassol**, mais 2 colheres (sopa)
óleo vegetal, para untar
500 g de **iogurte natural**
leite, para pincelar

Combine em uma vasilha as farinhas, o fermento, o sal e os 75 g de semente de girassol. Adicione o iogurte e misture para obter uma massa macia.

Polvilhe uma superfície de trabalho com farinha. Molde um filão e acomode em uma fôrma para pão com capacidade para 1,5 l untada com óleo vegetal. Pincele o pão com um pouco de leite e espalhe a semente de girassol restante.

Leve ao forno preaquecido a 220°C por 20 minutos. Diminua a temperatura para 160°C e asse por mais 30 minutos. Estará pronto quando o pão emitir um som oco quando batido na base. Se necessário, leve ao forno mais um pouco. Transfira para uma grade para esfriar. Sirva com queijo ou com a pasta de salmão defumado, se desejar (veja receita abaixo).

Acompanhamento: pasta de salmão defumado. Bata no processador 100 g de salmão defumado picado e 250 g de mascarpone até obter uma pasta homogênea (incorpore a massa que aderir à lateral do copo). Misture 4 colheres (sopa) de endro picado e o suco de meio limão-siciliano ou taiti e tempere com bastante pimenta-do-reino moída na hora e, se necessário, sal. Transfira para uma vasilha pequena e sirva com o pão de centeio e semente de girassol, acompanhado de rodelas de limão-siciliano ou taiti.

folhadinho de linguiça apimentada

32 unidades
Preparo: **25 minutos**
Cozimento: **25-30 minutos**

500 g de **carne de linguiça de porco** de boa qualidade
2 colheres (chá) de **cominho em pó**
2 colheres (chá) de **coentro em pó**
2 colheres (chá) de **semente de erva-doce**
1 colher (sopa) de **páprica em pó**
2 **dentes de alho** amassados
2 **cebolinhas** bem picadas
sal e **pimenta-do-reino** moída na hora
farinha de trigo com fermento, para polvilhar
500 g de **massa folhada pronta**
ovo batido, para pincelar
manteiga, para untar

* Disponível em lojas de produtos orientais.

Coloque em uma vasilha a linguiça, o cominho, o coentro, a erva-doce, a páprica, o alho e a cebolinha. Tempere com um pouco de sal e pimenta-do-reino e misture bem com as mãos. Divida em quatro porções.

Polvilhe uma superfície de trabalho com farinha e abra a massa folhada até obter um quadrado de 40 cm. Corte em quatro tiras e distribua uma porção do recheio de linguiça temperada no meio da massa, ao longo do comprimento de cada tira.

Pincele as bordas com um pouco de ovo batido e cubra o recheio com a massa. Pressione em torno para firmar o recheio e selar toda a volta. Pincele com mais ovo batido e corte pedaços de 5 cm. Acomode em uma assadeira grande untada e faça dois ou três cortes na superfície de cada folhadinho com uma faca afiada.

Leve ao forno preaquecido a 220°C por 15 minutos. Diminua a temperatura para 160°C e asse por mais 10-15 minutos, até o recheio cozinhar e a massa dourar bem.

Variação: folhadinho de frango com amendoim. Misture em uma tigela 400 g de carne de frango (ou de peru) moída, 50 g de migalha de pão branco, 2 dentes de alho amassados, 6 colheres (sopa) de pasta de amendoim crocante, 50 g de coco fresco ralado fino, 1 colher (sopa) de açúcar demerara, 2 colheres (chá) de pasta de curry* suave e meia colher (chá) de pimenta-calabresa. Tempere com um pouco de sal e prepare os folhadinhos como indicado acima, recheando com o preparado de frango em vez da linguiça picante.

índice

créditos

Editora executiva: Eleanor Maxfield
Editora: Clare Churly
Designer: Eoghan O'Brien
Projeto gráfico: Penny Stock
Fotógrafo: William Shaw
Consultora culinária: Joanna Farrow
Produção de objetos: Kim Sullivan
Controler sênior de produção: Caroline Alberti

Fotografia especial: @ Octopus Publishing Group Limited/William Shaw
Outras fotos: Octopus Publishing Group/Stephen Conroy 45, 95, 99, 101, 189; Will Heap 18, 58, 73, 97, 152, 167, 171, 173, 207; David Munns 6, 17 (direita, em baixo), 20, 84; Lis Parsons 17 (esquerda, em cima), 41, 47, 119, 133, 185; William Shaw 43, 49, 75, 77, 93, 122, 151, 165, 178, 208; Ian Wallace 109, 183.